Steffen Dobbert beschreibt einen brutalen Weg zur Freiheit und schildert, wie sich das ukrainische Nationalbewusstsein entwickelt – von den Anfängen der Kyjiwer Rus, über das alte Kosakenreich, die Ausrufung der Ukrainischen Volksrepublik, bis zur Euromaidan-Revolution und dem Verteidigungskrieg gegen Russland.

Eine mutige Reise durch die Geschichte der Ukraine, die Persönlichkeiten wie Wolodymyr Selenskyj, Petro Poroschenko, Stepan Bandera, Taras Schewtschenko, Mychajlo Hruschewskyj sowie Iwan Masepa porträtiert, die Wladimir Putins Propaganda-Methoden entlarvt und packend das Wissen vermittelt, um den Freiheitskampf des größten ganz in Europa liegenden Staates besser verstehen zu können.

Steffen Dobbert

UKRAINE VERSTEHEN

Geschichte, Politik und Freiheitskampf

Klett-Cotta

Dritte, durchgesehene und aktualisierte Auflage, 2023

Klett-Cotta
www.klett-cotta.de
© 2022 by J. G. Cotta'sche Buchhandlung
Nachfolger GmbH, gegr. 1659, Stuttgart
Alle Rechte vorbehalten
Cover: Rothfos & Gabler, Hamburg
unter Verwendung einer Abbildung von
Shutterstock, Mikhail Markovskiy
Karten: Isabell Bischoff, Hannover
Gesetzt von Dörlemann Satz, Lemförde
Gedruckt und gebunden von CPI – Clausen & Bosse, Leck
ISBN 978-3-608-96599-5
E-Book ISBN 978-3-608-11971-8

Bibliografische Information der Deutschen Nationalbibliothek
Die Deutsche Nationalbibliothek verzeichnet diese Publikation
in der Deutschen Nationalbibliografie; detaillierte bibliografische
Daten sind im Internet über http://dnb.d-nb.de abrufbar.

Inhalt

Ein Geheimnis von Freiheit ist Mut:
Ein Vorwort

Welchen Preis hat Eigenständigkeit?

Wie brutal kann ein Weg in die Freiheit sein?

Und lohnt es, dafür Leben zu geben?

Für Ukrainerinnen und Ukrainer gehören diese Fragen seit Hunderten von Jahren zu ihrer gesellschaftlichen DNA. Ihre gesamte Geschichte kann man als endloses Ringen um Selbstbehauptung und Befreiung lesen. Lange vor der russischen Invasion unter Wladimir Putin kämpfen ihre Vorfahren – Slawinnen, Wikinger, Steppen- und Reitervölker – in den Schlachten des Großreichs der Kyjiwer Rus. Viele Kosaken, häufig geflüchtete Leibeigene, ziehen gegen die Polnische Krone oder das Großfürstentum Litauen zu Felde und unterwerfen sich Ende des 17. Jahrhunderts nur widerwillig dem russischen Zaren.

Dieser Freiheits- und Überlebenskampf setzt sich im Chaos der Revolutionen des Ersten Weltkrieges fort, im Holodomor, der von Moskau organisierten Hungerkatastrophe, und in den unmenschlichen Hinrichtungen auf den *Bloodlands* des Zweiten Weltkrieges, wo allein in der ersten Hälfte des vorigen Jahrhunderts mehr als dreizehn Millionen Unschuldige in der Ukraine ihr Leben verlieren.

Trotz oder gerade wegen dieser blutigen Erfahrungen streben die Menschen weiter nach Unabhängigkeit, vor allem vom russischen Nachbarn. So ist es nach der russischen Oktoberrevolution, als sie am 25. Januar 1918 die unabhängige Ukrainische Volksrepublik ausrufen. Und so ist es am 24. August 1991, als nach dem gescheiterten russischen Augustputsch das Kyjiwer* Parlament ein eigenständiges Land Namens Ukraine begründet. »Das Territorium der Ukraine ist unteilbar und unantastbar«, heißt es in der Unabhängigkeitserklärung, die in einer Volksbefragung von 90 Prozent der Bürgerinnen und Bürger, mehrheitlich in allen Landesteilen inklusive der Krym,* bestätigt wird.

Wir wissen heute, wie oft Panzer, Kalaschnikows und Soldaten aus Russland diese Erklärung missachtet haben. Einschläge von Raketen in Dörfern und Städten; Tausende hingerichtete Zivilisten; Kriegsverbrechen, Okkupation und Annexion; das Recht des Stärkeren und eben nicht das internationale Völkerrecht, das als Konsequenz aus dem Nie-Wieder des Zweiten Weltkriegs entstanden ist – all das geschieht in der Ukraine, deren nationale Identität Wladimir Putin vernichten möchte.

Warum ihm das nicht gelingen wird, ist ein Thema dieses Buches.

Etwa eine Hälfte dieses Werkes beschreibt die Entwicklung des ukrainischen Staates vom Mittelalter bis heute. Die andere erkundet, welch eine Nation die ukrainische ist. Im letzten Kapitel sind Konsequenzen aus dem ukrai-

---

* In diesem Buch wird die eingedeutschte ukrainische Schreibweise von ukrainischen Namen und Orten verwendet. Die Hauptstadt der Ukraine wird demnach Kyjiw geschrieben, was ausgesprochen ähnlich wie Kiew klingt. Ähnlich ist es bei der Krym-Halbinsel.

nischen Verteidigungskampf und einem Funkspruch wie: »Russian warship, go fuck yourself!« formuliert.

Laut Definition ist Mut die Bereitschaft, auch angesichts erwartbarer Nachteile das zu tun, was man für richtig hält. Ein Geheimnis von Freiheit ist Mut. Viele Ukrainerinnen und Ukrainer wissen um dieses Geheimnis: Menschen wie Mykola Matusewitsch, der als Dissident zwölf Jahre seines Lebens in Unfreiheit verbringt, um gegen die Menschenrechtsverletzungen in der Sowjetukraine zu demonstrieren; Menschen wie Bohdanna Syniakevych, die nach ihren Flitterwochen auf Zypern Anfang 2022 in ihre Heimat zurückkehrt, um wegen der russischen Invasion Tarnnetze für Soldaten zu knüpfen; Menschen wie Andrij Saienko, der am 20. Februar 2014 als eines der ersten Opfer dieses Krieges auf dem Kyjiwer Maidan sein Leben lässt; und Menschen wie Wolodymyr Selenskyj, der als ukrainischer Präsident die Hauptstadt seines Landes auch unter der Lebensgefahr des Krieges nicht verlässt. Diese Menschen konfrontieren die Welt auf besondere Art mit der ukrainischen Frage, weshalb ich sie auf den folgenden Seiten vorstelle. Jedes Kapitel ist aus der Perspektive mindestens einer ukrainischen Persönlichkeit geschrieben. Durch die Lebenswege dieser Menschen ergibt sich die Entwicklung der ukrainischen Nation.

Als Reporter habe ich einige in diesem Buch porträtierte Menschen kennengelernt, habe an vielen Orten in der Ukraine erlebt, was ein ein Volksaufstand, was Selbstermächtigung, was eine Revolution, was ein Krieg wirklich bedeuten und welche Opfer Menschen für demokratische Freiheiten erbringen können. Oft habe ich mich nach meinen Rechercherreisen gefragt, wieso nur wenige in der deutschen Öffentlichkeit den ukrainischen Weg nachvollziehen können. Ein Anliegen dieses Buches ist es deshalb, das ukrainische Volk in seinen Ursprüngen, seinen Motiven, seinen Widersprüchen, seiner Vielfalt, seinen Entbehrungen und seinem wohl einzigartigen Freiheitskampf besser verstehen zu können.

1. Symbol der Selbstermächtigung: Der Mythos Taras Schewtschenko

Ja, begrabt mich und erhebt euch,
Und zersprenget eure Ketten
Und mit schlimmem Feindesblute
Möge sich die Freiheit röten!

Und am Tag, der euch die Freiheit
Und Verbrüderung wird schenken,
Möget ihr mit einem stillen,
Guten Worte mein gedenken.[1]

Ein Buch wie dieses muss mit Worten Taras Schewtschenkos beginnen, einem Maler und Schriftsteller, der heutzutage mit Shakespeare, Goethe oder Dante verglichen wird. 1814 südlich von Kyjiw im damaligen russischen Zarenreich in die Leibeigenschaft geboren, hat er bereits als Kind den Tod von Mutter und Vater zu verkraften. Sein Herr, dem er fast wie ein Sklave untergeben ist, nimmt ihn mit nach Sankt Petersburg. In der Reichshauptstadt verbessert Schewtschenko seine Malerei, verfasst in der als bäuerlich und kleinrussisch abgewerteten ukrainischen Sprache Texte und versucht sich freizukaufen.

2500 Rubel lautet sein Preis der Freiheit, eine unerhört hohe Summe. Ein ausgebildeter Handwerker muss zu jener Zeit für die Eigenständigkeit nur etwa die Hälfte zahlen. Doch Freunde von Schewtschenko veräußern im Kreis der Zarenfamilie ein Gemälde und bringen dadurch die Summe auf. An seinem 25. Geburtstag ist Schewtschenko ein freier Mann. Er reist zurück nach Kyjiw zu den Ufern des Dnipros, wandert durch die Landschaften seiner Kindheit, malt Bauernfamilien, sein Elternhaus und vollendet seinen ersten Gedichtband *Kobzar*. Der Titel erinnert an ukrainische Volkssänger, die mit der Kobsa, einem einfachen lautenähnlichem Instrument, musizieren. Schewtschenko schließt sich auch der geheimen slawischen kyrillo-methodistischen Bruderschaft an. Ihre Ziele: Gleichberechtigung aller slawischen Völker und ein Ende der Leibeigenschaft.

Nur ein Jahr später wird die Bruderschaft denunziert und ihr Versammlungsort durchsucht. Die Beamten finden ein Gedicht Schewtschenkos. Zur Strafe lässt der Zar den 33-Jährigen verhaften, verurteilen und als russischen Soldaten in die asiatische Steppe verbannen. Malerei und Schriftstellerei werden ihm durch den Herrscher persönlich »unter strengster Aufsicht« verboten. Bis zu seinem Lebensende soll Schewtschenko, der nun der unbedeutende Soldat Nummer 191 ist, das Gebiet der Ukraine nicht mehr betreten dürfen. Denn andernfalls, so die Befürchtung im Kaiserreich, könnte das Bestehen der Ukraine »als selbständiger Staat« Wurzeln schlagen.

»In der Ukraine sah ich die Armut und die beispiellose Unterdrückung der Bauern durch Großgrundbesitzer, Pächter und adelige Verwalter. Dies alles geschah im Namen des Zaren und der Regierung.« So antwortet Schewtschenko einem Polizisten, der vor der Verbannung von ihm wissen möchte, wie er auf seine revolutionärdemokratischen Schriften kam. Schewtschenkos Ehrlichkeit besiegelt das Urteil gegen ihn.

Im zehnjährigen Exil jenseits des Urals spaziert er sonntags, an Feiertagen und wann immer es sonst möglich ist in die Einsamkeit der asiatischen Steppe. In kleiner Schrift notiert er ukrainische Worte auf Zettel, die er in seinen Stiefeln vor den Aufsehern versteckt. Das Schreibverbot des Zaren bricht Schewtschenko bewusst. »Ich martere mich ab, ich quäle mich, aber ich bereue nicht«, schreibt er über seine Zeit als unfreier Soldat Nummer 191. Die damals geheim erschaffene Poesie gehöre zu den Meisterstücken der Weltlyrik, werden Literaturkritiker später feststellen.

Wenn ich sterbe, so bestattet
Mich auf eines Kurhans Zinne,
Mitten in der breiten Steppe
Der geliebten Ukraine,

Dass ich grenzenlose Felder
Und den Dnipro und seine Schnellen
Sehen kann und hören möge
Das Gebraus der großen Wellen.

Mit diesen Worten beginnt das anfangs zitierte Gedicht Schewtschenkos. Der Titel lautet *Das Vermächtnis*. Seinen letzten Wunsch der Heimkehr vor dem Tode möchte der russische Zar dem Künstler jedoch nicht erfüllen. Bis zum letzten Atemzug muss Schewtschenko unter Polizeiaufsicht leben, bis er am 10. März 1861, dem Morgen nach seinem 47. Geburtstag, stirbt. Seine Leiche muss in Sankt Petersburg beerdigt werden. Bedeutende russische

Autoren wie Nikolai Leskow, Fjodor Dostojewskij und Nikolai Nekrassow kommen zur Beisetzung. Doch kaum zwei Monate danach hieven Ukrainer Schewtschenkos Sarg wieder aus der Erde. Sie tragen ihn zum Bahnhof, transportieren ihn per Eisenbahn nach Moskau und von dort in einer Kutsche mit vier Pferden weiter zum Ufer des Dnipro. Zehntausende begleiten Schewtschenko auf dieser, seiner letzten zweiwöchigen Reise zurück in die Heimat. Seine Stätte der letzten Ruhe in Kaniw südlich von Kyjiw wandelt sich in kurzer Zeit zu einem Ort der Selbstermächtigung. Sein Name und sein Leben wandeln sich zu einem Mythos.

Als im Frühjahr 2022 der russische Angriffskrieg von Norden, Osten und Süden auf die Ukraine hereinbricht, als Gebäude in Kyjiw durch den Raketenbeschuss in Trümmern liegen, russische Panzerkolonnen die Millionenmetropole belagern und Zivilisten sich jede Nacht dicht an dicht gedrängt in den U-Bahnstationen vor Bomben schützen, versammeln sich am Nachmittag des 9. März Musiker der ukrainischen Nationaloper auf dem Maidan, dem Unabhängigkeitsplatz ihrer Hauptstadt. Sie geben ein Freiluftkonzert vor Publikum, spielen die Hymne der EU, Beethovens *Ode an die Freude*, die ukrainische Nationalhymne und als Höhepunkt eine Vertonung der *Kobzar*-Gedichte von Taras Schewtschenko. Sie musizieren anlässlich seines 208. Geburtstages.

2. Streit übers Mittelalter:
Wem gehört die Kyjiwer Rus?

1866, Fünf Jahre nach Taras Schewtschenkos Tod kommt ein Mann namens Mychajlo Hruschewskyj auf die Welt. Er wird einmal als einer der bedeutendsten ukrainischen Historiker, gar als einer der »Erfinder der Ukraine« gelten. Sein Gesicht wird 130 Jahre nach seiner Geburt auf allen 50-Hrywnja-Scheinen gedruckt sein. Doch auch Hruschewskyj muss bereits in seiner Jugend gegen Unterdrückung und Zensur ankämpfen. Auch er wird später ins Exil nach Osten verbannt (siehe Kapitel 7).

Nach seinem akademischen Abschluss an der Kyjiwer Universität zieht Hruschewskyj ins damalige Habsburgerreich, wo er in Lemberg (heute Lwiw), der Hauptstadt des Königreiches Galizien, an der Universität forscht und lehrt. Für viele russische Patrioten ist seine Arbeit eine Zumutung. Wie Schewtschenko, der die meisten seiner Gedichte in seiner Muttersprache veröffentlichte, möchte Hruschewskyj seine Vorlesungen auf Ukrainisch halten. Nach erfolgreichen Jahren in Lemberg bewirbt er sich auf eine Professorenstelle an der Universität in Kyjiw und wird verschmäht. Sein »Ukrainertum« würde Konflikte provozieren, heißt es.[2] Russische Nationalisten, die dem Zaren hörig und an der Universität bestimmend sind, wollen nicht, dass durch einen wie Hruschewskyj Zweifel aufkommen: Kyjiw sei ihrer Überzeugung nach niemals das Zentrum einer eigenständigen Ukraine gewesen, werde dies niemals werden und ewig die »Wiege Russlands« sein.

Aber stimmt das? Hruschewskyj bleibt in Lemberg, arbeitet weiter und schreibt ein epochales Werk. *Geschichte der ukrainischen Rus* lautet der Titel seines zehnbändigen Opus magnum. Darin macht er das, was die russischen Historiker für ihre National-Geschichtsschreibung taten: Er beansprucht die Kyjiwer Rus als Ausgangspunkt der ukrainischen Geschichte und schafft damit die Basis für eine geschichtswissenschaftliche Auseinandersetzung, die Historiker, Journalisten und Politiker bis heute beschäftigt.

Relativ unstrittig ist, dass das Großreich der Kyjiwer Rus im Mittelalter etwa im 9. Jahrhundert entsteht. Der normannischen Theorie zufolge überqueren zu den Wikingern zählende Waräger aus Skandinavien die Ostsee und reisen in ihren leichten Ruderbooten auf den großen Flüssen Osteuropas bis zum Schwarzem Meer. Die Kaufleute aus dem Nordwesten, durch die wohl aus *Ruotsi* oder *Roðr*, den finnischen Worten für *Schweden* oder *Ruderer*, der Begriff *Rus* entspringt, entdecken laut Hruschewskyj »ein weitausgedehntes, fruchtbares, gut bewässertes Land, welches bereits für die alten Griechen eine Kornkammer war, da sie von hier die wichtigsten Nahrungsmittel – Getreide und gesalzene Fische – in ansehnlichen Mengen bezogen«.[3]

Angekommen im Territorium der heutigen Ukraine, errichten die Waräger Tributherrschaften, sammeln Honig, Harz und jagen Pelztiere in den Waldsteppen. Ihrem Ruf als gefürchtete Wikinger machen sie zunächst alle Ehre. Der arabische Reisende Ahmed Ibn Fadlan beschreibt sie 921 in einem Bericht als Männer in groben Gewändern, die immer Axt, Messer und Schwert bei sich führen. Zum Verkauf bestimmte Sklaven und begehrte Felle für muslimische Kaufleute hätten sie in ihren mit Gefangenen beladenen Schiffen mitgebracht. Ihre Schwerter seien breit, wellenförmig gestreift und von europäischer Arbeit. Ertappten sie einen Dieb, so führten sie ihn zu einem hohen dicken Baum, banden ihm einen Strick um den Hals und ließen ihn hängen, bis er durch die Witterung in Stücke zerfiel.

Nach anfänglichen Kämpfen verbünden sich die Waräger mit den slawischen Stämmen und formieren einen Staat, so steht es in der von Mönchen des Kyjiwer Höhlenklosters erstellten Nestorchronik, eine der ältesten erhaltenen Quellen über die Entstehung des mittelalterlichen Reiches. Der Kyjiwer Staat, wie Hruschewskyj die Rus nennt, befreit sich immer mehr von Abhängigkeiten gegenüber der Waräger-Gefolgschaft und dem Turkvolk der Chasaren. Er versucht, die Handelswege in Osteuropa zu kontrollieren und geht gegen das mächtige Byzantinische Reich auf Raubzüge. Neben ostslawischen Stämmen leben baltische, turksprachige, finnische und Menschen weiterer Ethnien im Reich, das einer lockeren Föderation einzelner Fürstentümer gleicht und von der Rurikiden-Dynastie gelenkt wird. Klingen die ersten Herrschernamen wie *Rjurik*, *Oleg* oder *Igor* noch nach germanischer Kultur, tragen die folgenden Großfürsten slawische Namen wie *Swjatoslaw*, *Wolodymyr* oder *Jaroslaw*. Im 11. und 12. Jahrhundert wächst die Rus zu einem der großen und weit entwickelten Imperien in Europa. »Hier hat das politische und kulturelle Leben Osteuropas seinen Mittelpunkt«, schreibt Hruschewskyj. Tatsächlich sollen bis zu zwölf Millionen Menschen in etwa 300 Städten innerhalb der Rus leben, etwa ein Fünftel der Bevölkerung Europas. Es ist der Großfürst Wolodymyr, der die Rus sogar durch eine Art Staatsreligion zu einen versucht. Dazu soll er Missionare des katholischen Papstes aus Rom, Abgesandte des Islams und des Judentums in Kyjiw empfangen haben. All diese Glaubensvertreter müssen jedoch erfolglos wieder abreisen. Der Großfürst entscheidet sich für das orthodoxe Christentum aus dem Byzantinischen Reich und darf dafür als erster europäischer Herrscher eine Schwester des Kaisers von Konstantinopel heiraten. 988 lässt Wolodymyr sich auf der Krym-Halbinsel taufen. Im Dnipro und im Rest des Reiches befiehlt er Massentaufen für die Bevölkerung, lässt heidnische Götzen entfernen, fördert das Buchhandwerk, gründet Bibliotheken, finanziert Schulen und lässt Hrywnja-Münzen mit einem Dreizack (Trysub) prägen. Das Wappensymbol der Ukraine ist heute auf Briefmarken, Geldscheinen und dem Emblem der ukrainischen Armee zu sehen.

Wolodymyrs Herrschaftsbereich erstreckt sich vom Karpaten-Gebirge im Westen bis an die Wolga im Osten, von Karelien im Norden bis zum ertragreichen Süden an den Ufern des Dnipro. Zentrum der Macht ist Kyjiw mit bis zu 50 000 Einwohnern. Daneben gibt es wichtige Fürstentümer im nördlich gelegenen Tschernihiw, in den heute russischen Städten Smolensk und Nowgorod, im westlichen Galizien und im südlicheren Perejaslaw, wo

Taras Schewtschenko etwa 800 Jahre später ein Gedicht mit dem Titel *Vermächtnis* schreiben wird (siehe Kapitel 1).

Wer kann das Erbe der Kyjiwer Rus nun für sich beanspruchen? Die Ukraine, wie Hruschewskyj zuweilen mit einer Portion Populismus behauptet? Die heutige Russische Föderation, die aus der Rus eine imperialistische Geschichtspolitik ableitet? Belarus? Oder gar die baltischen Staaten? Mit einigem Recht kann sich jedes dieser Länder auf die Rus beziehen. Aus den Fürstentümern entwickeln sich nach dem Untergang des Reiches unterschiedliche Herrschaftsgebiete und Gesellschaften. Wer aber im 21. Jahrhundert behauptet, Kyjiw sei schon immer das alleinige heilige Zentrum Russlands gewesen; wer die heutige Ukraine zum »geschichtlich gesehen russischen Land« erklärt, wie Wladimir Putin im Februar 2022 (siehe Kapitel 16), der fälscht Geschichte und hat vermutlich nie die Schriften des Mychajlo Hruschewskyj gelesen.

3. Steppendemokratie jenseits der Stromschnellen: Die Entstehung des Kosakentums am Dnipro

Das Gesetz der Steppe ist das Recht des Stärkeren. Wer sich widersetzt, wird geköpft. Nach diesem Prinzip folgen dem Mongolenführer Dschingis Khan hunderttausend Krieger, die selbst vor der Eroberung Chinas, dem damals reichsten Land Asiens, nicht zurückschrecken. Im Jahr 1240 ist es ein Enkel Dschingis Khans (Batu Khan), der mit seiner Goldenen Horde tagelang Kyjiw belagert, die Stadt zerstört und das Reich der Rus zerstückelt. Auf dem Gebiet der heutigen Ukraine, das von den Mongolen auf ihrem Eroberungszug quasi überrannt wird, festigt Danylo Romanowitsch von Galizien trotz der Besatzer seine Position. Er wird vom Anführer der Goldenen Horde als Großfürst von Galizien-Wolhynien anerkannt. Nach Danylos Tod teilt sich sein Herrschaftsgebiet zwischen dem polnischen Königreich und dem Fürstentum Litauen. Viele Vorfahren der heutigen Ukrainer werden dadurch von den Ahnen der heutigen belarussischen Nachbarn im Norden getrennt.

Basierend auf den nun zunehmenden kulturellen, wirtschaftlichen und römisch-katholischen Einflüssen Polens, auf der ostslawischen Sprache und auf dem Erbe der Kyjiwer Rus erwachsen Teile der heutigen ukrainischen Identität. Dieser Prozess vollzieht sich ab dem 15. Jahrhundert auch jenseits des polnischen Königreichs, genauer gesagt: »jenseits der Stromschnellen« des Dnipro, was auf Ukrainisch *Saporischschja* heißt, wie der Name der heutigen Großstadt. Dort, im damals gesetzlosen Raum der abgelegenen Flussufer, entsteht eine neue Gemeinschaftsform, ein obrigkeitsfernes Experiment, das einmal einen ähnlich legendären Ruf wie der Wilde Westen Amerikas haben wird.

Vermutlich sind die Kosaken der ersten Generation abtrünnige Tataren-Kämpfer, die zwischen den Tataren- und Fürstensiedlungen leben und sich vom polnischen König oder dem Großfürsten Moskaus kaufen lassen. Gegen Geld warnen sie vor den gefürchteten Raubzügen der Tataren, die nach dem Zerfall des Mongolenreichs auf der Krym leben.

Die Bezeichnung *Kosak* stammt aus der turko-tatarischen Sprache und bedeutet *freier Mensch* oder *freier Krieger*. Und so leben sie auch. Sie schlafen in Höhlen und Erdlöchern, bilden Banden, jagen zusammen, überfallen Kaufleute oder bieten sich ihnen als Beschützer an. Im Frühling, Sommer und bis in den Herbst hinein leben die Räuber der Steppe in der Wildnis. Wenn es zu eisig wird, suchen sie Unterschlupf in den Grenzstädten der Fürstentümer, wo sie ihre Beute verkaufen, sich mit Blei, Pulver, Waffen, Kleidung und Ausrüstung versorgen.

Doch alsbald verbieten polnische, litauische und russische Behörden in ihren Grenzorten das Überwintern der Herumtreiber. Die Grenzen und die Städte in ihrer Nähe werden kontrolliert. Die Kosaken müssen sich nun entscheiden: Entweder werden sie unter dem Zaren bzw.

dem polnischen König als Bauern im Grenzgebiet sesshaft oder sie schließen sich als Söldner (sogenannte Registerkosaken) einer Armee an oder sie folgen weiterhin dem Ruf der Freiheit in der Natur – ohne gesicherte Rückkehroption.

Eine ihrer ältesten Siedlungen erbauen die Kosaken rund um ein verlassenes Fort südlich der dreizehn Wasserfälle des Dnipro auf einer alten Waräger-Insel, die *Male Chortyzja* genannt wird (später auch Wyrwa, Baida und Kanzeriwskyj). Sie ist von Norden her über die Steppe schwer zu finden, nur per Boot gut zu erreichen und Richtung Süden zur Beobachtung der Tataren günstig gelegen. Die Männer errichten unter der Führung von Dmytro Wyschneweckyj, den sie Bajda nennen, Feuerstellen und Palisadenzäune, stellen mit Häuten bedeckte Nomadenzelte und Gemeinschaftshütten auf. So erwächst am Fluss mehr als ein Platz zum Überwintern. Die Siedlungen, die sie später *Saporoschskaja Sitsch, Lichtung jenseits der Stromschnellen* nennen, werden Rückzugsorte zwischen der polnisch-litauischen Republik und dem zum Osmanischen Reich gehörenden tatarischen Khanat. Römisch-katholischer Glaube trifft hier auf orthodoxes Christentum und den Islam. Geflohene Leibeigene lernen desertierte Soldaten und entlaufene Häftlinge kennen. Geflüchtete aus dem Moskauer Reich, aus Polen, gar aus Frankreich, Italien und Deutschland begegnen sich in der Sitsch. Gemeinsam leben sie nach neuen Regeln der kosakischen Steppendemokratie: Im Zweifel entscheidet ihr Anführer, der Hetman oder Otaman (Ataman bei den heute russischen Kosaken, die unter anderem am Don siedeln). Ihm folgen alle, auch bei Entscheidungen über

Tod oder Leben. Doch auch er kann durch die Rada, die Versammlung aller Männer, abgewählt werden. Frauen haben wenig zu sagen, da die Sitsch eine Männergemeinschaft ist, vergleichbar mit den Rittern der deutschen Orden.

Vielen Filmen und Theaterstücken zufolge sind alle Kosaken großgewachsene grobe Kerle, die sich bis auf einen Schopf oder Streifen in der Mitte des Kopfes die Haare rasieren, einen ellenlangen Schnurrbart und einen Ring im linken Ohr tragen. Sie galoppieren mit nackter Brust auf den Rücken wilder Pferde durch die Steppe. Wie viel davon romantische Verklärung ist, lässt sich nicht genau sagen. Zumindest die ersten Dnipro-Kosaken reiten eher selten, da sie erst später von den Tataren den Umgang mit Pferden lernen. Sie rudern – ähnlich wie die Waräger einst – lieber in leichten Booten, *Möwen* genannt, den Dnipro auf und ab oder schwimmen, auf oder unter der Wasseroberfläche. Laut einem türkischen Chronisten[4] können sie – um Gegner zu überraschen – mit einem Schilfrohr im Mund weite Strecke tauchen. Ihre wichtigsten Nahrungsmittel sind die Fische des Flusses, der für ihr Leben und ihre Identität immer relevanter wird. Taras Schewtschenko wird den Dnipro deshalb in vielen Gedichten ehren. Der ukrainische Geograf Stephan Rudnyckyj wird ihn 1916 in *Ukraina: Land und Volk* als »nationales Heiligtum« bezeichnen, an den sich »beinahe alle wichtigsten Ereignisse des geschichtlichen Lebens der Ukraina« knüpfen. Der Dnipro sei der »Vater des altukrainischen Kyjiwer Reiches«, durch ihn sei die höhere Kultur in die Ukraina eingezogen, schreibt Rudnyckyj.

Am Dnipro entwickelt sich nun das ukrainische Kosakentum. Nach Jahrhunderten der Knechtschaft wird es bald die Grundlagen für einen neuen Staat schaffen und Identifikation für folgende Generationen stiften.

4. Bohdan Chmelnyckyjs Revolte: Aufstieg und Fall eines Hetmans

An einem Abend Anfang 1648 geben Kanonenschüsse das Startsignal. Sie werden in den Himmel des Dnipro abgefeuert. Schmale, dicke, kräftige, dünne Männer aus allen Teilen des vom polnischen König kontrollierten Landes sind zur Sitsch gereist. Der Maidan, der Hauptplatz der Sitsch, reicht für ihre Anzahl nicht aus; die Versammlung wird auf eine anliegende Wiese erweitert. Die Männer sind ungeduldig, können kaum erwarten, dass sie vor ihrem Hetman zur Musterung antreten dürfen. Denn sie sind gekommen, um für ihn zu kämpfen.

Neben dem Hetman steht ein Mann Anfang fünfzig auf dem Maidan. Er ergreift das Wort, redet laut, damit möglichst viele ihn hören können. Je länger er spricht, desto leiser wird die Menge. Sein Heimatdorf liege weiter nördlich am Dnipro, sagt er. Dort habe er auf seinem Hof mit seinen Kindern und nach dem Tod seiner Frau zusammen mit seiner zweiten Frau Helena gelebt. Dann habe jedoch vor zwei Jahren ein Stellvertreter des königlichen Beamten seiner Region sein bestes Pferd abgeholt – wegen angeblicher Steuerrückstände. Derselbe Beamte habe danach Rechte an Helena angemeldet und infrage gestellt, wer der rechtliche Eigentümer seines Hofes sei. Im nächsten Frühjahr, er sei gerade unterwegs gewesen, um Beweise für den Besitz seines Grundstücks zu besorgen, sei der Stellvertreter des königlichen Beamten mit anderen Reitern in sein Heim eingedrungen, habe Feuer gelegt und seine Frau entführt. Sein zehnjähriger Sohn, der gegen den Angriff protestiert hatte, sei von einem der Reiter geschlagen worden. Ihn selbst habe man einsperren wollen.

Das sei seine persönliche Geschichte, die ihn in die Sitsch geführt habe, ruft der Mann. Er stellt sich den Kämpfern als Bohdan Chmelnyzkyj vor und ergänzt, dass er selbst der Sohn eines Registerkosaken sei, der dem polnischen König stets loyal gedient habe. Nach dem Verlust von Haus, Hof und Frau habe er sich um Entschädigung bemüht. Doch die Gesetze des polnischen Königs seien wirkungslos, wenn das Wort eines Polen, wie des Beamten, der sein Haus abbrannte, gegen seines, das Wort eines Kosaken, stehen würde. Jetzt, brüllt er den Leuten entgegen, sei sein persönliches Verlangen nach Rache mit dem Zorn des ganzen Kosakenvolkes verschmolzen: »Als Einzelner bin ich machtlos. Aber ihr, meine Brüder, werdet mir helfen!«[5]

Vor Chmelnyzkyjs Worten hat es bereits einige gescheiterte Aufstände der Kosaken gegeben. Aber nach seiner Rede beginnt eine neue, noch brutalere Zeit des Aufstandes gegen die Unterdrückung durch die Union des polnischen Königreichs und des Großfürstentums Litauens. Sie wird fast zehn Jahre andauern.

Mindestens drei Gründe treiben die Kosaken zur Revolte: Betrug, da sie, die den polnischen Truppen in einer fast verlorenen Schlacht gegen den Zaren mit 20 000 Kämpfern zur Hilfe gekommen waren, dafür kein freies Siedlungsrecht zugesprochen bekommen haben. Die wachsende Armut, durch die sich die ukrainische Bevölkerung als Untertanen der polnischen Aristokratie und der

Juden fühlt, die für die Adligen als Schankwirte, Verwalter, Pächter und Steuereintreiber viele Geschäfte erledigen. Und drittens die eingeschränkte Religionsfreiheit: Seit der Union von Brest in Polen-Litauen sollen die römisch-katholische und die orthodoxe Kirche den römischen Papst anerkennen, was vielen orthodoxen Kosaken missfällt.

Chmelnyzkyj, der in seiner Jugend an einem Jesuitenkollegium auch Polnisch und Latein gelernt hat, wird von den Kosaken zu ihrem Hetman gewählt. Als Mönche getarnte Boten reisen in seinem Auftrag durchs Land und rufen immer mehr Männer zur Musterung in die Sitsch. Auch die Registerkosaken, die eigentlich vom polnischen Königreich bezahlt werden, schließen sich Chmelnyzkyjs Heer an. Durch eine List schmiedet er sogar ein Bündnis mit dem Krym-Khan, der ihm 4000 tatarische Bogenschützen sowie berittene Krieger schickt, die sich mit den Kosakenkämpfern vereinen. Nach anfänglichen Siegen verbünden sich weitere Bauern, die genug von der Leibeigenschaft haben. Landstreicher und Feldarbeiter aus allen Himmelsrichtungen kommen mit Sensen und Forken dazu. Die Revolution erstreckt sich bald auf die ganze heutige Ukraine. In der Schlacht von Korsun siegt Chmelnyzkyj und erbeutet Tausende Pferde, Dutzende Kanonen und adlige Gefangene, die von den Tataren in Lösegeld eingetauscht werden. Unter den Unfreien löst der Triumph einen buchstäblichen Blutrausch aus. Habenichtse rächen sich nun an Wohlhabenden, lynchen Katholiken, erhängen Grundherren und deren Familien. Bis ins heutige Gebiet von Belarus werden Gehöfte geplündert und Menschen bei lebendigem Leib verbrannt. Die Volkswut richtet sich auch auf Juden. Ihnen schlagen die

Wütenden Nägel in die Leiber oder hacken sie in Stücke. Sie stürmen Synagogen, randalieren und verbrennen Andersgläubige auf Scheiterhaufen.[6] Bis zu 20 000 Menschen jüdischer Religion werden in den ersten Judenmassakern der Geschichte Osteuropas getötet.[7]

1649 reitet Chmelnyzkyj als siegreicher Hetman auf einem weißen Pferd nach Kyjiw, wo er als der neue »Fürst der Rus« schon am Eingang der Stadt empfangen und von Priestern begrüßt wird. Laut einem Chronisten nennt man ihn gar »einen Moses, einen Retter, einen Erlöser, einen Befreier des Volkes von der polnischen Knechtschaft«.[8] Erinnerungen an die große Zeit des mittelalterlichen Kyjiwer Staates verbreiten sich genauso rasch unter der Bevölkerung wie die Siegesgeschichten der tapferen Kosaken. Durch die Erfolge auf den Schlachtfeldern der Steppe »ist der Gedanke der Befreiung des ukrainischen Volkes in seinen ethnografischen Grenzen aufgetaucht«. Die Idee der »Niederwerfung des polnischen Regimes und des Wiederaufbaues des einstigen ukrainischen Staates« werde greifbar, wie Mychajlo Hruschewskyj schreibt. Und tatsächlich: Die Hoffnung auf ein eigenes Kosakenreich erfüllt sich, wenn auch nur für kurze Zeit.

Chmelnyzkyj teilt das eroberte Gebiet in 16 Regimenter auf. Jedes soll von einem Obersten verwaltet werden. Er bildet eine Regierung, die er als Hetman zusammen mit einem Kanzler, einem Feldzeugmeister, einem Generalrichter und zwei Adjutanten anführt. Der Name des neuen Staates lautet Saporoger Heer oder Hetmanat.

Bereits Chmelnyzkyjs Vorgänger im Amt des Hetmans hatte den Patriarchen von Konstantinopel dabei unterstützt, ohne polnische Zustimmung orthodoxe Bischöfe und einen Metropoliten in Kyjiw einzusetzen. Er hatte sich davon gute Verbindungen zur kulturellen und religiösen Elite in Kyjiw erhofft und das gesamte Kosakenheer, für das der Glaube ursprünglich nicht entscheidend war, zu Mitgliedern in orthodoxen Kyjiwer Bruderschaften gemacht. Chmelnyzkyj, selbst im Jesuitenkolleg nach katholischem Glauben erzogen, steht zu diesem Entschluss seines Vorgängers und trägt damit zum fast zwei Jahrhunderte dauernden Kampf zwischen unierter römisch-katholischer und orthodoxer Kirche bei. 1686 muss sich der Metropolit in Kyjiw dem Moskauer Patriarchen unterordnen, der seit der Umbenennung von Byzanz durch den osmanischen Sultan in Konstantinopel (heute Istanbul) die russisch-orthodoxe Kirche für das Zentrum des Christentums und Moskau für das Dritte Rom hält.

Die Verbindung von Religion und Militär prägt bis heute das Verhältnis zwischen Russland und der Ukraine. 1991, kurz nach dem Ende des Sowjetreiches, spalten sich in der Ukraine durch den Einfluss des Moskauer KGB die Kirchen in mehrere getrennte orthodoxe Religionshäuser auf. Seit 2019 gibt es gegen Moskaus Widerstand (unter Vermittlung des Präsidenten Petro Poroschneko) eine vom Patriarchen in Istanbul anerkannte orthodoxe ukrainische Kirche. Seitdem existieren zwei große konkurrierende orthodoxe Kirchenverbände in der Ukraine. Anfang 2023 verkündete das ukrainische Kulturministerium, den Pachtvertrag der orthodoxen Kirche des Moskauer Patriarchats für das heilige Höhlenkloster in Kyjiw (siehe Kapitel 2) zu kündigen – wegen Kriegssabotage für Russland. Ein Video zeigt, wie Gläubige im Höhlenkloster das

»Erwachen« von »Mutter Russland« besingen. In Russland benutzen Staat, Kirche und Medien die Vorstellung von Moskau als Drittem Rom zur Legitimation des Krieges gegen die Ukraine. Kyrill I., Patriarch von Moskau, der laut Schweizer Bundespolizei im Kalten Krieg wie Wladimir Putin ein KGB-Agent gewesen sein soll, hat die russische Invasion in der Ukraine mehrfach in drastischer Art gerechtfertigt. Kyrills russische Kirche sieht die Ukraine als Teil ihres kanonischen Territoriums an. Ihr Fernsehsender Spas verbreitet in Russland Kriegspropaganda. Im Dezember 2022 sagt der prominente Moskauer Erzpriester Igor Fomin im Kirchensender: »Die Anführer des Volkes tragen ein Schwert an der Hüfte, um damit zu bezeugen, dass sie Befugnis haben, das göttliche Gesetz durchzusetzen. Sie haben das Recht zu züchtigen, irdische Schicksale zu verkürzen und den Menschen zur Einsicht zu verhelfen – auch durch so einen schrecklichen Vorgang wie Beenden von Leben. Die Nation. Der Präsident. Gott.«[9]

Zurück ins 17. Jahrhundert, wo Chmelnyzkyjs Regierung noch damit beschäftigt ist, ihren Staat zu ordnen, Verwaltungsstrukturen aufzubauen und sich Unterstützung im Ausland zu suchen. Im Frühjahr 1651, keine zwei Jahre nach Errichtung des Hetmanat, marschiert erneut ein Heer der polnischen Krone in die Ukraine ein. Dieses Mal haben sich die Reiter und Schützen des Königreichs besser auf die Steppenkämpfer vorbereitet. In der dreitägigen Schlacht bei Berestetschko unterliegen Chmelnyzkyjs Kosaken, auch weil die tatarischen Krieger sie nicht mehr unterstützen. Chmelnyzkyj schließt Friedensverträge ab, die weder von den Polen noch von den Kosaken eingehalten werden, wendet sich mit der Bitte um Beistand an den schwedischen König, erneuert die Kontakte zu den Krimtataren, zum osmanischen Sultan und versucht das russische Zarenreich als Schutzmacht zu gewinnen. Vergebens. Dazu kommen interne Konflikte. Die Bauern fürchten um ihre Rechte im Kosakenstaat und enttäuschte Krieger wollen in der Saporoschskaja Sitsch einen neuen Hetman ausrufen. Chmelnyzkyj steht vor dem gleichen Schicksal, das seinen Vorgänger nach seiner Rede während der Musterung in der Sitsch ereilte: Abwahl und Bedeutungslosigkeit.

Doch er lässt sich die Macht nicht entreißen. 1654 ruft Chmelnyzkyj die Rada, den Rat der Kosaken, in Perejaslaw zusammen, in jener Stadt am Dnipro, die zu den drei größten im Reich der Kyjiwer Rus zählte und eines Tages Taras Schewtschenko zur Niederschrift seines *Vermächtnis*-Gedichtes inspirieren wird (siehe Kapitel 1). Unter Chmelnyzkyjs Führung schließen die Kosaken einen Vertrag, der die Zukunft der Ukraine über Jahrhunderte, sogar bis heute prägen wird. In der Sowjetunion werden von der Kommunistischen Partei beauftragte Geschichtsschreiber diesen Vertrag von Perejaslaw zum Beginn der »Wiedervereinigung« und der »ewigen russisch-ukrainischen Freundschaft« erklären. 1954 wird anlässlich seines 300. Jahrestages die Krym-Halbinsel als Zeichen für die »unverbrüchliche Freundschaft« der beiden »Brüdervölker« innerhalb der Sowjetunion zurück an die Ukrainische Sozialistische Sowjetrepublik »gegeben«.[10] Und selbst in Russlands Propaganda unter Wladimir Putin soll der Vertrag als Namensgeber für eine »notwendige PR-Kampagne« für die Annexion und Zerschlagung der modernen Ukraine dienen. Motto laut einem Strategiepapier, das im

Februar 2014 im Kreml kursiert: »Putin 2.0 – Du gibst uns den Vertrag von Perejaslaw 2.0«.[11]

Faktisch ist der Vertrag zunächst ein Bündnis zwischen den Kosaken und dem Moskauer Zaren, um gemeinsam in den bevorstehenden Schlachten gegen den polnischen König zu bestehen. Chmelnyzkyjs Ziel ist es, in einer Übereinkunft unter Gleichen die größtmögliche Unabhängigkeit seines Kosakenstaates zu sichern. Ein Argument, was er zur Überzeugung seiner Gefolgsleute anführt, ist die ein Jahr zuvor durch die russische Reichsversammlung (Zemskij Sobor) erfolgte Anerkennung der Kosaken als »freies Volk«.[12] Der Zar wird sich allerdings schon bald nicht mehr an die zugesicherten Freiheiten wie die unabhängige Wahl des Hetmans durch die Kosaken oder die Selbstverwaltung des ukrainischen Adels, des Metropoliten und der ukrainischen Städte halten. Im zwei Jahre später zwischen dem polnischen König und dem russischen Zaren geschlossenen Friedensvertrag von Wilna werden die Kosaken nicht einmal mehr erwähnt. Chmelnyzkyj hat sich verkalkuliert. Er paktiert erneut mit dem schwedischen König und greift abermals die polnischen Truppen mit seinem Kosakenheer an. Seine früheren Erfolge kann er jedoch nicht wiederholen, nicht als Hetman und nicht als Privatmann. Ihm wird Trunksucht nachgesagt, und seine Frau Helena betrügt ihn. Im Sommer 1657 stirbt Chmelnyzkyj.[13] Polnische Truppen, die später seinen Heimatort erobern, schänden angeblich sein Grab und werfen seine Überreste Hunden zum Fraß vor.

Chmelnyzkyjs Errungenschaft, die Hoffnung auf einen eigenen Kosakenstaat, wird bereits wenige Jahre nach seinem Tod zerstört. Im Jahr 1663 wird in Moskau die

»Kleinrussische Kanzlei« eingerichtet, ein für die Ukraine zuständiges Zentralamt. Und mit dem Ende des russisch-polnischen Krieges wird das, was von Chmelnyzkyjs Staat noch übrig ist, entlang des Dnipro zwischen dem Zaren- und dem polnischen Königreich aufgeteilt.

Iwan Wyhowskyj, Petro Doroschenko, Iwan Samojlo-wytsch und der heutzutage von manchen als Nationalheld verehrte Iwan Mazepa sind die Nachfolger Chmelnyzkyjs. Sie versuchen sich vergebens mit der polnischen Krone (Wyhowskyj und Doroschenko) und den Krymtataren zu verbünden, bekämpfen sich wegen der Bündnisfrage in einem als *Ruin* bezeichneten Bürgerkrieg gegenseitig, schließen sich wieder dem Zarenreich an (Samojlowytsch) und wagen unter Mazepas Führung eine Kooperation mit dem schwedischen König. Mazepa, der sich gegen den Zaren stellt, nachdem dieser den Kosaken im Kampf gegen das polnische Heer nicht helfen will, gilt bis heute in russischen Kultur- und Politkreisen als Verräter. In der Ukraine wird er nach 1991 auf Zehn-Hrywnja-Scheinen geehrt. Er unterstützt den Aufbau der aus einer Klosterschule entstandenen Mohyla-Akademie, heute die älteste und eine der wichtigsten Universitäten der Ukraine. Sein Leben inspiriert Voltaire und Victor Hugo, Bertolt Brecht, Rainer Maria Rilke sowie den britischen Dichter Lord Byron, der in seinem Gedicht den jungen Mazepa als Geliebten einer polnischen Adligen beschreibt, der vom wütenden Ehemann nackt auf ein Pferd gefesselt in die Steppe getrieben wird. Auf dem Ritt durch Osteuropa stirbt die Mazepa-Figur zweimal beinahe, bevor sie zu den Kosaken gelangt. Als echter Hetman hat Mazepa jedoch weniger Erfolg. Seine Truppen werden durch den Zaren geschlagen. Durch die Teilungen Polens im 18. Jahrhundert fallen Gebiete der heutigen Ukraine an Russland (unter anderem die Sloboda-Ukraine, eine historische Region um das heutige Charkiw), vorübergehend auch an Ungarn, ans Osmanische und ans Habsburger Reich. Zarin Katharina II. löst erst das Amt des Hetmans auf und lässt 1775 die Festung hinter den Stromschnellen, die Saporoschskaja Sitsch, zerstören.

Sind die Kosaken Freiheitskämpfer, Helden, mutige Aufständische gewesen? Oder sollte man sie als mordende Räuber, Banditen, antisemitische Kreuzritter und Söldner auf Beutejagd bewerten? Die Antwort muss ein Sowohl-als-Auch beinhalten. Sie haben um ihre Eigenständigkeit und Menschenrechte gekämpft. Sie haben aber auch insbesondere nach den ersten Erfolgen des Chmelnyzkyj-Aufstandes in einem Ausmaß getötet, in dem die bestialische rassistische Unmenschlichkeit ihres Zeitalters erkennbar wird.

So romantisch-verklärend wie sie in manch einem Film oder Bühnenstück heutzutage als Vorfahren der russischen Nation dargestellt werden, so zentral ist ihr Vermächtnis bis zum heutigen Tag in der Ukraine – obwohl oder weil die Sowjetunion die Erinnerung an sie unterdrückt hat. Viele Historiker sehen in den Kosaken einen Ausgangspunkt der ukrainischen Nation.

Erkennbar ist die Tradition des kosakischen Freiheitskampfes in der Gegenwart nicht nur auf Wodkaflaschen, Zigarettenschachteln, in Taras Schewtschenkos Gedichten (*Hajdamaky* und *Kobzar*) oder im 2002 erschienenen Kinofilm *Ein Gebet für Hetman Mazepa*. Während der

Euromaidan-Revolution im Winter 2013/2014 halten Demonstranten den Unabhängigkeitsplatz (Maidan) in Kyjiw monatelang nach Kosaken-Art besetzt. Sie wählen ihre Anführer ähnlich aus, wie es die Kosaken zu Zeiten der Steppendemokratie taten, organisieren sich in Hundertschaften und bilden einen Ältestenrat. Viele bezeichnen ihre Festung auf dem Maidan als Saporoschskaja Sitsch (siehe Kapitel 14).

Die Bedeutung des Kosakentums habe ich auch während der Eskalation des russischen Krieges im Jahr 2022 durch die zufällige Begegnung mit zwei sehr unterschiedlichen Männern begriffen.

5. Vermächtnis der Kosaken: Kleine Geschichte über Mut

Roman Nowosolow steht am Rand der Straße M10, die vom Grenzort Krakowez nach Lwiw führt. Er trägt einen kleinen grauen Rucksack auf dem Rücken und streckt seinen rechten Daumen zur Fahrbahn. Als ich im März des Jahres 2022 mit dem Auto von Polen in die Ukraine fahre, bemerke ich ihn erst im letzten möglichen Augenblick. Mein Kopf ist noch leicht verwirrt, da ich einige Hundert Meter zuvor einen toten Schäferhund am anderen Straßenrand liegen gesehen habe. Ob es ein zurückgelassenes Haustier einer Flüchtlingsfamilie war?

Roman Nowosolow, ein hagerer Mann mit einem schmalen Gesicht, steigt ein. Er erzählt, wie er kurz vor unserem Aufeinandertreffen noch mit Freunden von Freunden seiner Mutter in einem anderen Auto gesessen habe. Die Familie habe ihn nach Polen mitnehmen wollen. Doch nach der Passkontrolle der ukrainischen Grenzbeamten haben nur der Vater, die Mutter und ihre drei Kinder weiterfahren dürfen. Er nicht.

Als Reaktion auf den Einmarsch der russischen Truppen von Norden, Osten und Süden in die Ukraine dürfen laut Gesetz Männer mit ukrainischem Pass im Alter von 18 bis 60 Jahren, die weniger als drei Kinder haben, ihr Land nicht mehr verlassen. An den Grenzübergängen zu den westlichen Nachbarländern Polen, Slowakei, Ungarn,

Rumänien und der Republik Moldau werden deshalb Züge und Autos angehalten und Männer zurück ins Land geschickt.

Wegen dieses Gesetzes hat der 21-jährige Roman Nowosolow vor kurzem also zum zweiten Mal die Chance verpasst, den Krieg in seinem Land hinter sich zu lassen. Das erste Mal, so erzählt er es während der Fahrt, die an Männern mit Kalaschnikows und Jagdgewehren vorbei weiter ins Landesinnere führt, sei er bereits in Kyjiw gestoppt worden, durch sich selbst.

Es war am Tag drei der Kriegseskalation gewesen, als er oder zumindest seine Mutter einen Plan hatte. Gemeinsam waren sie zum Bahnhof gefahren. Mutter und Sohn wollten zusammen in einem Evakuierungszug von Kyjiw nach Warschau reisen. Vor seinem Informatikstudium in der ukrainischen Hauptstadt hat Roman Nowosolow eineinhalb Jahre in der polnischen Stadt Lublin studiert. Er spricht Polnisch und kennt sich in dem EU-Land einigermaßen aus. Aber als er die überfüllten Waggons, die vielen Frauen und Kinder sah, das Geschrei hörte, wollte er sich nicht mehr ins Gewühl am Bahnsteig drängen. Er blieb stehen. Seine Mutter fuhr ohne ihn ab. Und bevor ihr Waggon den Kyjiwer Bahnhof verließ, bat sie ihn, auf einem anderen Weg ins sichere Polen zu kommen.

Eigentlich möchte Roman Nowosolow es nun, nach dem gescheiterten ersten und zweiten Versuch, noch einmal per Zug über die Grenze versuchen. Er habe gehört, dass die Grenzbeamten in manchen Zügen, die von Lwiw oder Ternopil abfahren, nicht jeden Waggon durchsuchen. So sagt er es, während wir einen weiteren Checkpoint passieren, an dem Männer mit Helmen und misstrauischen

Blicken kontrollieren, wer ein russischer Spion sein könnte und wer auf dieser Straße Richtung Ternopil weiterfahren darf.

Am nächsten Tag wache ich neben Roman Nowosolow in einem Hotel auf, das in einer Zeit erbaut wurde, als es die Sowjetunion noch gab. Er liegt in seinem Bett, die Decke über den Kopf gezogen. Ich höre im Nebenzimmer eine Familie, die mit ihrer Katze aus dem Osten des Landes hierher nach Ternopil geflohen ist, schaue auf mein Handy und sehe ein Video, das mir Roman Nowosolow von einem Freund weitergeleitet hat. Es ist in Tschernihiw, einer 300 000-Einwohner-Stadt, fast so groß wie Ternopil, aufgenommen worden.

Man sieht, wie jemand über einen Parkplatz geht und mit seinem Handy filmt.

Man sieht ein brennendes Haus, Rauch, zerbröselte Betonwände.

Man hört, wie eine männliche Stimme hinter der Kamera »Apotheke! Apotheke!« brüllt und damit offenbar das in Trümmern liegende Geschäft vor unseren Augen meint.

Man sieht, wie er weitergeht.

Man sieht, wie vor ihm drei Menschen auf dem von Schutt bedeckten Boden liegen.

Man sieht, dass einer Leiche ein Bein fehlt.

Man sieht, dass der anderen Leiche ein Fuß fehlt.

Man sieht Blutflecken auf Asche.

Man sieht, dass auch der dritte Mensch sich nicht mehr bewegt. Sein Gesicht liegt in der Asche.

Man sieht ein altes Ehepaar, sie mit Krückstock. Beide müssen den Zweiten Weltkrieg noch miterlebt haben, den

Einmarsch von Hitlers Armee in die Ukraine, den Einmarsch von Stalins Armee in die Ukraine.

Man sieht, wie das Ehepaar langsam an den Toten vorbeigeht.

Ich putze meine Zähne, wünsche Roman Nowosolow einen guten Morgen und ziehe die Vorhänge des Fensters auf. Unten, neben dem Parkplatz des Hotels, sehe ich einen Spielplatz mit zwei Schaukeln, die bunt gestrichen sind. Davor in einem Vorgarten steht ein weißes Schaukelpferd neben Blumenbeeten, in denen in den nächsten Wochen die Frühblüher erwachen, normalerweise.

Die Nacht war unruhig. Stundenlang waren die Sirenen des Bombenalarms zu hören gewesen, doch beim Blick auf die Häuser der Stadt ist jetzt kein einziger Einschlag zu erkennen. Über den Dächern Ternopils schimmert die Sonne durch eine Wolkenschicht. Roman Nowosolow hebt seinen Kopf. Er sagt, in einen Zug nach Polen könne er sich immer noch setzen.

Wir gehen zusammen zum Einkaufszentrum um die Ecke, warten, bis die ersten Sirenen dieses Tages verstummt sind, setzen uns in ein Café neben dem Einkaufszentrum, bestellen Tee, Kaffee und zwei Toast Ukraina (warme, mit zerlaufenem Käse, Pilzen und Zwiebeln gefüllte Sandwiches). Dann fahren wir in einen Vorort von Ternopil, der Petrykiw heißt, stoppen an einem Checkpoint, steigen aus und kommen mit Fedir Kalinowsky ins Gespräch. Er habe Freunde in Deutschland, sagt Kalinowsky und zeigt auf sein fast fertig gebautes Eigenheim die Straße runter.

Null oder ein Grad Celsius, gerade noch warm genug ist es, damit der Boden unter uns nicht gefriert. Während

Kalinowsky mit uns über den Acker neben der Straße geht, bleibt bei jedem Schritt etwas Matsch an seinen Stiefeln kleben. Das Wetter interessiert Kalinowsky dieser Tage allerdings nicht besonders, sofern es nichts über die Fortbewegungsmöglichkeiten von Panzern verrät. Kalinowsky achtet auch nicht besonders auf die Schneeflocken, die vom Himmel fallen. Aber die Kälte, sie ist da. Sie breitet sich ganz allmählich von Fuß bis Kopf im ganzen Körper aus. Kalinowsky, ein großgewachsener Mann mit dunklem Vollbart, trägt deshalb eine dicke, khakifarbene Multifunktionshose, eine dazu passende gesteppte Jacke, eine Weste, die mit Taschen für Granaten ausgestattet ist, und Stiefel.

Aus der Ferne könnte man diesen Kalinowsky in seinem Militäroutfit und mit seiner Figur – er war in seiner Jugend Karatekämpfer – für einen Soldaten einer modernen Armee halten. Eines der beiden Maschinengewehre, die er sich in den vergangenen Wochen von seinem Geld gekauft hat, liege im Auto, das er am Rand des Feldes geparkt habe, sagt er. Das andere, größeres Kaliber, mit Schalldämpfer, sei zuhause bei seiner Frau, die seit einigen Tagen damit das Nachladen übe.

Kalinowsky, 37 Jahre, geboren in Ternopil, zwei Söhne, elf und fünf Jahre alt, steht jetzt auf diesem mit Schneeflocken bepuderten Acker, etwa 200 Meter vor dem Haus mit roter Klinkerfassade, in das er einmal einziehen möchte. Roman Nowosolow, 16 Jahre jünger, geboren in Kyjiw, keine Kinder, steht neben ihm, in Turnschuhen. Seine Hände hat er in den Taschen seines Anoraks vergraben, die Kapuze über seine Ohren gezogen. Auf seinen Schultern trägt er seinen Rucksack, der so klein wie eine Waschtasche wirkt. Alles, was Roman Nowosolow seit seiner Flucht aus Kyjiw noch besitzt, befindet sich darin – eine Jogginghose, zwei Unterhosen, drei T-Shirts, drei Paar Socken, sein Laptop, seine Zahnbürste und ein alter Camcorder.

Roman Nowosolow ist unbeabsichtigt per Anhalter in dieses Buch geraten, so unbeabsichtigt wie er mit seinen 21 Jahren in diesen Krieg und hierher nach Ternopil auf dieses Feld geraten ist. Darum steht er mit seinem Hab und Gut nun neben dem uniformierten Kalinowsky. Während Roman Nowosolow Kalinowsky zuhört, schaut der Student ohne erkennbaren Gesichtsausdruck, irgendwie leer, durch seine schmalen Augen. Sein Blick wandert übers Feld in die Ferne und dann auf den Schützengraben vor uns.

Nachbarn von Kalinowsky haben das Erdloch vor wenigen Tagen mit einem Radlader in den Acker gegraben. Auf den Boden der etwa zweieinhalb mal fünf Meter großen und fast zwei Meter tiefen Grube haben sie Europaletten gelegt, wegen des Matsches darunter. An einem Rand des Grabens haben sie weiße Sandsäcke abgelegt, jeder groß wie ein Schweinebauch. Auf der anderen Seite stehen die Überreste eines verrosteten Metallzauns.

Kalinowsky lächelt. Von hier habe man einen guten Überblick über den Acker und das angrenzende Wohngebiet. Von hier könne man sehr gut zielen, egal, ob auf Fallschirmjäger aus Russland, Belarus oder Tschetschenien, sagt er. Und ich frage mich, ob es Stolz ist, was man in seiner Stimme hört.

Roman Nowosolow stand noch nie vor so einem Graben. Der Krieg, der mit der Annexion der Krym und den vom Kreml gesteuerten Aufständen im Südosten der Ukraine begann, war für ihn bis vor wenigen Tagen ein Ereignis, das er nur aus den Nachrichten kannte. Als Hunderttausende Ukrainerinnen und Ukrainer im Winter 2013/2014 den Maidan in Kyjiw besetzten, für Rechtsstaatlichkeit, Freiheit, Demokratie demonstrierten und gegen die Korruption des damaligen Präsidenten Wiktor Janukowytsch protestierten, war Roman Nowosolow gerade 13 Jahre alt geworden. Selbstgebaute Molotowcocktails und Schützengräben wie diesen hat er bisher nur auf Fotos oder Videos auf seinem Handy oder Laptop gesehen. Und ich frage mich, ob sein Blick deshalb so leer wirkt, weil Krieg etwas anderes ist, wenn er sich nicht hinter einem Bildschirm abspielt.

Kalinowsky und Roman Nowosolow hatten vor einigen Wochen ein Leben, das man in Westeuropa als normal beschreiben würde. Kalinowsky leitete als Architekt und Innendesigner seine eigene Firma in seiner Geburtsstadt Ternopil. Zweimal pro Woche fuhr er seinen Sohn zum Karatetraining. Roman Nowosolow wohnte mit seiner Mutter in einer Einraumwohnung und studierte an der Universität, wie man Computer programmiert. Nach den Vorlesungen radelte er am liebsten mit seinem Fahrrad durch Kyjiw oder filmte mit dem Camcorder Lagerfeuer am Ufer des Dnipro.

Seitdem jeden Tag Menschen getötet, Raketen auf Städte gefeuert und die Weltöffentlichkeit von Wladimir Putin belogen wird, seitdem die nächtlichen Ausgangssperren, die Sirenengeräusche zur Warnung vor Luftangriffen und die Straßenbarrikaden mit Panzersperren zum Alltag in fast jeder ukrainischen Stadt gehören, denken beide Männer anders an ihr altes Leben zurück.

Ich kannte weder Roman Nowosolow noch Kalinowsky,

bevor ich am fünften Tag der russischen Kriegseskalation mit meinem VW-Bus zu ihnen in die Ukraine aufgebrochen bin. Die beiden sind unterschiedliche Menschen. So viel kann ich nun, nach den Begegnungen mit ihnen mit Sicherheit sagen. Und doch verkörpern sie auf ihre individuelle Art beide eine Eigenschaft, die man in diesen Tagen sehr vielen Ukrainerinnen und Ukrainer zurechnen muss. Mut ist die Fähigkeit, in einer gefährlichen, gar riskanten Lebenssituation die Angst, die in uns allen schlummert, zu überwinden.

Aber wie reagiert man, wenn in dem Land, in dem man lebt, ein Angriffskrieg aus drei Himmelsrichtungen ausbricht? Während die Schneeflocken auf ihren Jacken tauen, stelle ich beiden Männern diese Frage.

Roman Nowosolow sagt nichts.

Kalinowsky antwortet: »Schau mal den Acker hinunter zur Wohnsiedlung. Vor gut zwei Jahren haben wir mit dem Bau dieses Hauses begonnen. Ich habe noch nie in meinem Leben jemanden getötet. Aber wenn sie hierher zum Acker kommen, werde ich auf dem Balkon stehen und schießen. Wir müssen uns verteidigen. Das ist jetzt der beste Weg, meine Familie zu schützen. Wenn es losgeht, werden wir schießen. Ich fürchte mich nicht.«

Kalinowsky erzählt noch, dass die Brüder seiner Oma im Zweiten Weltkrieg gefallen seien, dass er jede Nacht auf Streife gehe, um russische Saboteure zu finden, und dass er an Tag eins der landesweiten Invasion seine Frau gefragt habe, ob sie mit den Kindern nicht zu seiner Schwester nach Polen reisen wolle. Ihre Antwort sei eine Frage gewesen: Sie wollte wissen, wie man das große Maschinengewehr benutzt.

Kalinowsky nimmt seine Mütze ab. An den Seiten seines Kopfes sind seine schwarzen Haare fast komplett abrasiert. Habe er gestern Nacht selbst gemacht, Kosakenschnitt, sagt Kalinowsky. Dann zeigt er auf seinem Handy ein Bild. Man sieht eine Kriegsszene mit einem Panzer, der über ein Auto fährt, in Schwarzweiß gezeichnet. Kalinowskys Sohn hat das Bild vor ein paar Tagen gemalt, als er mit seinem Bruder im Keller saß. Kalinowsky sagt, sein Sohn werde einmal ein echter Kosake.

Zwei Tage nach dem Treffen auf dem Acker sagt Roman Nowosolow zu mir, er habe sich gegen den Wunsch seiner Mutter entschieden. Er wolle nun in der Ukraine bleiben und irgendwie bei der Verteidigung seines Landes mithelfen.

6. Nationalbewusstsein trotz Russifizierung: Über Kleinrussen, Gogol und eine Reise nach Berlin

Angenommen, die Ukraine wäre heute immer noch eine von mehreren sozialistischen Sowjetrepubliken. Womöglich würde es ein Buch wie dieses (zumindest in der Sowjetunion) dann gar nicht geben. Falls doch, würde die Zeitspanne, die das folgende Kapitel beschreibt, von besonderer Bedeutung sein. Denn vom 18. Jahrhundert bis etwa zum Ausbruch des Ersten Weltkrieges 1914 hat es entscheidende Impulse der ukrainischen Nationsbildung gegeben, die von der damaligen russischen Herrschaft unterdrückt, von sowjetischen Propagandisten geleugnet und von Gehilfen Wladimir Putins gern verschwiegen wurden und werden. Gleichzeitig hat der russische Einfluss auf Teile der ukrainischen Gebiete in dieser Zeitspanne Spuren hinterlassen, die – ähnlich wie Kultur- und Geschichtsdeutungen aus der Sowjetzeit – bis heute (zumindest unter älteren Generationen) nachwirken.

Schon im Jahr 1764 schreibt Katharina II. über Teile der Ukraine, die sie als Kleinrussland bezeichnet, diese seien lediglich »Provinzen«, die man »mit wenig drückenden Methoden« dazu bringen müsse, dass sie »russisch werden und aufhören, wie die Wölfe zum Wald zu schauen«.[14] Keine zwanzig Jahre später setzt ihr Liebhaber, Fürst Grigori Potjomkin, den imperialistischen Traum seiner Zarin um. Er lässt eine Schwarzmeerflotte aufbauen, integriert und assimiliert die ukrainischen Kosaken weiter ins russische Reich, schafft das nicht mehr benötigte Kosakenheer ab, vertreibt die Tataren und annektiert die Krym-Halbinsel. Katharina möchte ihr Kaiserreich mit ihrem *griechischen Projekt* um das Schwarze Meer herum erweitern. Ihre russischen Untertanen reagieren begeistert und nennen die Zarin nun Katharina die Große.

Was ukrainischen Adligen zwei Jahrhunderte zuvor in Polen-Litauen widerfuhr, geschieht nun in ähnlicher Form im Zarenreich: Auf Polonisierung folgt Russifizierung. Viele Kosakenfamilien der Oberschicht arrangieren sich jedoch mit den neuen Verhältnissen. Sie bekommen für den Verlust der politischen Autonomie Grundbesitz und Privilegien, arbeiten für die Zarenfamilie und protestieren wenig bis gar nicht, als der russische Grundbesitz in der heutigen Ukraine anwächst.

Doch nicht allen gefällt, wie sich etwa die Stellung der unfreien ukrainischen Bauern weiter verschlechtert. Im April 1791 reist Wassili Kapnist, ein eigentlich für das Zarenreich arbeitender Marschall, Dichter und Repräsentant ukrainischer Adliger in geheimer Mission nach Berlin. Er bemüht sich um einen vertraulichen Termin beim preußischen Minister Ewald Friedrich von Hertzberg, so vertraulich oder gefährlich, dass Kapnist anfangs nicht einmal seinen Namen nennen möchte. Die Preußen sind zu jener Zeit wegen der Siege des Zarenreichs über das Osmanische Reich beunruhigt. Kapnist möchte diese politische Lage ausnutzen. Er erklärt Hertzberg die Situation der Ukrainer unter dem Zarenregime, fragt, ob sie im Falle eines Krieges gegen Russland mit Hilfe aus Preußen rechnen könnten, und versucht eine Allianz auszuloten. Hertzberg weist ausweichend darauf hin, dass zwischen Preußen und dem Zarenreich friedliche Verhältnisse herrschten und »im Falle eines Krieges es Sache der Ukraine wäre, darüber nachzudenken, was sie zu tun hätten, um mit preußischer Hilfe rechnen zu können.«[15] Er lehnt also nichts ab, sagt nichts zu und verpflichtet sich zu nichts. Seine Antwort wird vom preußischen König Friedrich Wilhelm gutgeheißen.

Kapnist muss mit leeren Händen zurück ins Zarenreich reisen, wo in der neuen Verwaltungsregion Neurussland die Russifizierung vorangetrieben wird. Auf der Krym entstehen Städte wie Sewastopol und Simferopol, im Süden der heutigen Ukraine werden Odesa, Mykolajiw und Cherson sowie durch russische, deutsche, griechische, bulgarische, armenische und jüdische Auswanderer weitere Siedlungen in der Steppe errichtet. Unter dem Dach des Zarenreiches ziehen Russen ins ehemalige Hetmanat und heiraten ukrainische Frauen. Die ethnische Vermischung von Ukrainern und Russen nimmt zu. Ukrainische Kultur, die zuvor in und um Kyjiw erblühte, lässt das Zarenregime unterdrücken und als Provinzgedöns abtun.

Gilt Ukrainisch lange als kleinrussischer Dialekt, lässt Katharinas Nachfolger 1863 neben der polnischen und litauischen auch die ukrainische Sprache verbieten. Während Taras Schewtschenko ins asiatische Exil verbannt wird, feiert Russisch als Literatur- und Hochsprache in den Werken von Puschkin, Dostojewski und Tolstoi einen weltweiten Aufstieg. Und erstmals wird das Bild der Ukraine als Kornkammer des Zarenreiches gemalt, da Weizen, Gerste und Hirse auf den ukrainischen Schwarzerdeböden gut wachsen. Stalin wird dies im folgenden Jahrhundert zur massenhaften Ausbeutung motivieren.

Putin wird im Zarenreich dieser Zeit die Grundlangen seiner kultur-imperialistischen Politik suchen und finden.

Kurz vor dem Ende des 19. Jahrhunderts leben laut einer offiziellen (russischen) Volkszählung 55,7 Millionen ethnische Russen und 22,4 Millionen ethnische Ukrainerinnen und Ukrainer im Zarenreich, was knapp 18 Prozent der Bevölkerung ausmacht. Von ihnen sind allerdings nur 0,5 Prozent adelig (im Vergleich zu 1,7 Prozent der Russen) und nur 0,14 Prozent zählen zur Oberschicht der Kaufleute und Ehrenbürger (gegenüber 0,73 Prozent der Russen). In Odesa wohnen 404 000 Menschen, von denen nur neun Prozent ethnische Ukrainer sind (49 Prozent Russen, 31 Prozent Juden). Ähnlich, wenn auch nicht ganz so drastisch, ist das Verhältnis in Kyjiw oder Charkiw.[16] Leute, die sich selbst als ukrainisch definieren, sind in vielen heutigen östlichen und südlichen ukrainischen Großstädten in der Minderheit. Das ist ein Befund dieser Zeit. Ein anderer: Ukrainer sind Bauern. Fast 90 Prozent von ihnen arbeiten in der Landwirtschaft und leiden unter der Leibeigenschaft, die im Zarenreich erst 1861 abgeschafft wird. Sie verstehen sich zudem schlecht mit einer Stadtbevölkerung, in der viele die ukrainische Sprache nicht sprechen möchten.

Industrialisierung und die daraus folgende Urbanisierung vollziehen sich in den ukrainischen Städten mehrheitlich ohne die Ukrainer, eine Entwicklung, die sich auch auf die Bildung auswirkt. Gab es bis ins 18. Jahrhundert hinein noch mehr Ukrainer als Russen, die lesen und schreiben konnten, dreht sich dieses Verhältnis nun. Ende des 19. Jahrhunderts sind es 29 Prozent der Russen und nur 19 Prozent der Ukrainer im Russischen Reich, die keine Analphabeten sind.[17]

Trotz aller Unterschiede: Wenn eine Zeitspanne existiert, in der es möglich erscheint, dass die ukrainische Bevölkerung in einer multiethnischen russländischen (sind mehrere Volksgruppen gemeint, spricht man nicht von *russisch*) Nation aufgeht, ist dies das 19. Jahrhundert. Nach der erfolglosen Berlin-Reise von Wassili Kapnist fordern ukrainische Intellektuelle über einen längeren Zeitraum keine komplette staatliche Trennung vom russländischen Reich ein.[18] Oder sie trauen sich nicht. Der Drang zum Aufstand, wie ihn die Kosaken unter Beweis gestellt haben, ist nach zahlreichen gescheiterten Schlachten mit zu vielen Opfern verloren gegangen. Viele Vertreter der ukrainischen Elite sind eher damit beschäftigt, in den Strukturen des Zarenreichs Karriere zu machen und die Gemeinsamkeiten der slawischen Völker in der orthodoxen Religion, in Kultur und Sprache zu akzeptieren. Je nach Sichtweise verschmilzt die Ukraine in diesen Jahrzehnten mit dem russländischen Reich oder wird zu einer Art Kolonie innerhalb des Imperiums.

Exemplarisch für dieses ambivalente Verhältnis der beiden Völker ist das Leben Nikolai Gogols, eines ukrainischen Genies der russischen Literatur. 1809 in einem Dorf etwa 200 Kilometer östlich von Kyjiw geboren, wächst er in der damaligen kleinrussischen Provinz auf. Die Landschaften, die Gogol in seiner Jugend lieben lernt, gehörten einst zum freien ukrainischen Kosakenstaat, sind zu seiner Zeit aber bereits etwa hundert Jahre Teil des großrussischen Zarenreichs. Gogol macht sie zum Schauplatz seiner frühen Prosa, arbeitet mit ukrainischen Sprichworten, Märchenmotiven und Liedtexten, schreibt von dummen Bauern, dem Teufel und frechen Kosaken – auf Russisch. Dass er, der auch ukrainisch spricht, die russische Sprache für seine Texte wählt, ist nicht die Ausnahme, sondern die Regel. In seinem Gymnasium existieren noch nicht einmal ukrainische Bücher.

Auch nach seinem Umzug nach Sankt Petersburg beschreibt Gogol das ukrainische Dorfmilieu als Gegenwelt zur russischen Hauptstadt(un)kultur. Mit seinen kleinrussischen Erzählungen feiert er erste Erfolge und beweist, dass seine ukrainische Herkunft dabei kein Nachteil ist. Seine Erzählung *Der Mantel* wird laut Dostojewski ein Gründungstext der russischen Literatur. Und in seiner Novelle *Taras Bulba* erschafft er einen ukrainischen und russischen Kosaken-Mythos, der bis heute lebt. Basierend auf ukrainischen Chroniken und Liedern schildert Gogol darin rund um die erfundene Geschichte des Kosaken-Hauptmanns Bulba und seiner beiden Söhne das Leben, die Aufstände (gegen die polnische Herrschaft) und das Sterben der freien Kosaken der Saporoschskaja Sitsch. Erst nach dieser Lektüre sei er zum überzeugten Ukrainer geworden, sagt der ukrainische Historiker Nikolai Kostomarow, der selbst zu einem der meistgelesenen Autoren des Landes gehört. Gogol wiederum schreibt in einem Brief an seine Freundin, er wisse nicht, ob seine Seele russisch oder ukrainisch sei. Ein anderes Mal notiert er: »Der Kleinrusse und der Großrusse, das sind die Seelen zweier Zwillinge«.

Möglich erscheint, dass Gogols Werk bereits zu seinen Lebzeiten für politische Ziele instrumentalisiert wird. Als *Taras Bulba* erstmals 1835 an die Öffentlichkeit gelangt, spielt Verbindendes zwischen Ukrainern und Russen in der Novelle eine eher untergeordnete Rolle. Sieben Jahre später stehen in einer überarbeiteten, neu veröffentlichten zweiten Fassung im Text Zeilen wie diese: »Wartet ab, die Zeit kommt, da ihr erfahren werdet, was der russisch-orthodoxe Glaube vermag. Schon jetzt ahnen es die Völker, nah und fern: Aus der russischen Erde wird sich ein großer Zar erheben, und es wird keine Macht auf der Welt geben, die sich ihm nicht unterwirft.«[19]

Wie sehr Gogols Werk bis in die Gegenwart wirkt, zeigt die aufwändige, fast hollywoodreife russische Verfilmung von *Taras Bulba* im Jahr 2009 (Deutscher Titel: *Steppensturm – Der Aufstand der Kosaken*). Zum 200. Geburtstag Gogols hat Regisseur Wladimir Bortko einen patriotischen, von fast unerträglichem Pathos geprägten Actionfilm geschaffen, dem man anmerkt, dass sein Regisseur die Menschen in der heutigen Ukraine, in Belarus und in der Russischen Föderation als ein einziges russländisches Volk ansieht. Der Film wirkt wie Agitation für Putin'schen Nationalismus und hat womöglich bewusst die Akzeptanz des Angriffskriegs gegen die Ukraine in der Gesellschaft vorbereitet. Passend dazu äußert sich der Regisseur, selbst ehemaliger Duma-Abgeordneter, während des Krieges in Talkshows im Sinne der Kreml-Propaganda. Bortko fordert Rache an den Ukrainern, weil die so unverschämt seien, sich gegen die Invasion in ihrem Land zu verteidigen.

Liest man einige russische oder sowjetische Historiker zu dieser Epoche, könnte man glauben, das ukrainische Volk entwickelt sich im 19. Jahrhundert nicht eigenständig weiter, die Nationsbildung erledigt sich quasi durch die Eingliederung ins Zarenreich. Doch dieses Bild ist falsch. Auch wenn in der zweiten Hälfte des 19. Jahrhunderts sogar der Druck von Büchern in ukrainischer Sprache verboten wird, kommt es nicht zur Assimilation. Stattdessen entstehen in den 1860er Jahren in Kyjiw, Tschernihiw und beispielsweise Poltawa die ersten ukrainischen *Hromady*, Gemeinschaften, in denen sich Ukrainer über die Entwicklung einer ukrainischen Kultur und Politik Gedanken machen. Und während Ukrainisch und die ukrainische Kultur im Zarenreich mehr und mehr der Russifizierung ausgesetzt sind, kann sich in einer kleinen Region in Galizien beides freier entfalten. Vor allem von der Hauptstadt des Königreichs Galizien und Lodomerien in Lwiw, die als Lemberg seit der ersten von drei Teilungen Polens 1772 zum Habsburger Reich gehört, gehen starke Impulse zur Herausbildung einer eigenen ukrainischen Nation aus. Einige Beispiele: 1816 entsteht in der heutigen polnisch-ukrainischen Grenzstadt Przemyśl eine Gesellschaft, die griechisch-katholische Schriften auf Ukrainisch verbreitet. In Grundschulen rund um Lwiw wird die ukrainische Volkssprache gelehrt. 1832 erscheint von Joseph Lewicki *Grammatik der ruthenischen oder kleinrussischen Sprache in Galizien,* ein Buch, das sich an fünf Millionen ukrainisch sprechende Menschen in der »Ukraina«, wie das Gebiet der Ukraine genannt wird, und drei Millionen im Ausland richtet. Der patriotische Intellektuellenkreis Ruthenische Triade wird gegründet und setzt sich für die ukrainische Literatursprache ein.

Im Zuge der europäischen Revolutionen von 1848 und 1849, die nationale Selbstbestimmung, Agrarreformen, Bauernfreiheiten, Verfassungen und Grundrechte einfordern, nutzt der Hauptrat der Ruthenen den Begriff der »Gesamtnation« für eine Einheit von West- und Ostukraine. In

Abgrenzung zu polnischen Nationalisten erklärt der Rat einen Teil Galiziens für ukrainisch.

Durch die Abschaffung der Leibeigenschaft (13 Jahre bevor es im Zarenreich dazu kommt) organisieren sich immer mehr ukrainische Bauern in Galizien. Erste ukrainische Gewerkschaften entstehen, und im ersten österreichischen Parlament sitzen 27 ukrainische Abgeordnete, die Galizien in einen polnischen und einen ukrainischen Teil aufteilen wollen.

1868 gründet sich Proswita (Aufklärung), eine Kulturorganisation, die den Bau von ukrainischen Schulen fordert, Lehrbücher für diese druckt und Lesesäle in den ländlichen Gebieten eröffnet. 1869 erscheint in Lwiw die erste literarische Zeitschrift auf ukrainisch. In der *Pravda* (Wahrheit) werden auch Beiträge aus und für das Zarenreich publiziert. Ein Jahr danach startet die Wissenschaftliche Gesellschaft Schewtschenko, die ähnlich wie die Proswita auf dem Erbe Taras Schewtschenkos aufbauend die Idee der nationalen Wiedergeburt der Ukraine verfolgt. Ihr Präsident wird in einigen Jahren Mychajlo Hruschewskyj werden. Ende des 19. Jahrhunderts werden in Lwiw Texte von Julian Batschynskiy und dem in Charkiw lebenden Mykola Michnowskiy veröffentlicht, die Visionen einer unabhängigen Ukraine beschreiben. Und 1890 gründet sich unter der Führung der Journalisten und Aktivisten Iwan Franko und Mychajlo Pawlyk die erste ukrainische politische Partei. Nach der Ruthenisch-Ukrainischen Radikalen Partei folgen die National-Demokratische Partei und eine Ukrainische Sozial-Demokratische Partei.

Nein, das 19. Jahrhundert der ukrainischen Geschichte ist wegen der Russifizierung im Zarenreich kein Beleg für einen Stopp der Ukrainisierung. So wie sich zu dieser Zeit in ganz Europa nationale Bewegungen formieren und patriotisch-romantische Visionen geteilt werden, so erwacht auch unter Ukrainerinnen und Ukrainern in diesem Jahrhundert die Hoffnung auf einen eigenen Nationalstaat. Diese Hoffnung wandelt sich nicht innerhalb der Grenzen eines eigenen Reiches in Taten. Sie drückt sich auch nicht nur auf Ukrainisch als alleiniger Sprache aus. Sie mag in den Augen mancher Beobachter im Schatten der russischen, polnischen oder österreichischen Staatswerdung stehen. Und dennoch entwickelt sie sich weiter – im Untergrund, in Abgrenzung zum russischen Imperium, im Verbotenen und vor allem im katholischen Galizien. Um es in den 1862 geschriebenen Worten des Historikers und Journalisten Pawlo Tschubynskyj zu sagen: »Noch sind der Ukraine Ruhm und Freiheit nicht gestorben!« Nach Fertigstellung des gleichnamigen Gedichts wird der Autor zwar wegen »schädlichem Einfluss auf die Köpfe der Bürgerlichen« für sieben Jahre ins nördliche Zarenreich verbannt. Seine Zeilen werden Jahrzehnte nach seinem Tod jedoch zum Text der offiziellen ukrainischen Nationalhymne.

7. Vom Ersten Weltkrieg zur Ukrainischen Volksrepublik: Mychajlo Hruschewskyj und die Wiedergeburt einer Nation

Zum Start des 20. Jahrhunderts trägt Mychajlo Hruschewskyj einen Vollbart, der so breit und so lang wie eine ausgestreckte Handfläche ist. Ein Foto aus dieser Zeit zeigt den 33-Jährigen mit kurzgeschnittenen Haaren, hoher Stirn und fokussiertem Blick. Hruschewskyj, den wir in Kapitel 2 mit seinem zehnbändigen Lebenswerk der *Geschichte der ukrainischen Rus* kennengelernt haben, interessiert uns nun nicht nur als Wissenschaftler. Er wird sich nun von einem Chronisten zu einem Politiker wandeln, der direkt die Geschichte seines Landes beeinflusst.

Die Nullerjahre des neuen Jahrhunderts erlebt der Familienvater im habsburgischen Lemberg (heute Lwiw), wo er nach seinem Studium in Kyjiw den ersten Lehrstuhl für die Geschichte Osteuropas in ukrainischer Unterrichtssprache leitet. Die Möglichkeiten, die ihm seine Position bietet, nutzt er zur Ukrainisierung. Er fördert die ukrainische Sprache, wird zum Präsidenten der wissenschaftlichen Schewtschenko-Gesellschaft gewählt, prägt eine Generation junger ukrainischer Geisteswissenschaftler, etabliert die Ukrainistik als nationale Lehre und arbeitet an der Gründung einer eigenständigen ukrainischen Universität. Während sich weiter östlich im russländischen Reich am Grab von Taras Schewtschenko die geheime Taras-Bruderschaft gründet, in Charkiw Studenten die erste, noch illegale ukrainische Partei im Zarenreich, die Revolutionäre Ukrainische Partei (RUP), ins Leben rufen und weitere national gesinnte Gruppen namens Hromady (Gemeinschaften) entstehen, verfolgt Hruschewskyj all das mit Interesse von Galizien aus. Er unterstützt die Ukrainer im Zarenreich. Er weiß, dass sich eine Nation als eine die Zeit und den Raum übergreifende Gemeinschaft definiert. Und er ahnt, dass diese Gemeinschaft der Ukrainerinnen und Ukrainer sich ähnlich wie die belgischen, griechischen oder italienischen Nationalstaaten formieren möchte. Irgendwann in diesen Jahren, vielleicht schon vor dem Petersburger Blutsonntag, bei dem der Zar auf Demonstranten schießen lässt, vielleicht nach den anschließenden Bauern- und Arbeiteraufständen im Zarenreich des Jahres 1905, die in Sankt Petersburg das erste Parlament, auch mit ukrainischen Abgeordneten, erkämpfen, beschließt Hruschewskyj, sich selbst noch mehr zu engagieren. Zusammen mit seinem Vertrauten Iwan Franko und anderen gründet er in Lemberg die National-Demokratische Partei, die in ihrem Programm eine unabhängige Ukraine einfordert. Wörtlich heißt es: »Wir galizischen Ruthenen, Teil des ukrainisch-ruthenischen Volkes, das einst seinen selbständigen Staat hatte, sodann um seine staatlich-politischen Rechte kämpfte, auf die Rechte eines selbständigen Volkes niemals verzichtete und nicht verzichtet, erklären, für das ganze ukrainisch-ruthenische Volk die kulturelle, ökonomische und politische Selbständigkeit zu erobern.«[20]

Auch wenn Hruschewskyj, der in seinen eifrigen Lemberger Jahren an der burn-out-ähnlichen Neurasthenie erkrankt, es sich wünscht: Die Nationalbewegung der Ukrainer entwickelt sich in den ersten Jahren nach der

Jahrhundertwende zumindest im russländischen Reich noch nicht zu einer breiten Volksbewegung. Doch als im März 1914, am 100. Geburtstag von Taras Schewtschenko, die Feiern zu Ehren des Dichters verboten und Schewtschenkos Werk diffamiert wird, versammeln sich in Kyjiw immerhin ukrainische Jugendliche zum Protest. Hruschewskyj verlagert sein Engagement daraufhin noch mehr nach Osten, wirbt für die Eröffnung einer Bibliothek der Schewtschenko-Gesellschaft in Kyjiw und gibt nach der Wochenschrift *Selo* (Das Dorf) für ukrainische Bauern die Zeitung *Rada* (Der Rat) sowie die Zeitschrift *Ukraina* heraus. Er bemüht sich, persönliche Beziehungen zu erneuern, reist mehrmals nach Sankt Petersburg, wo das machtlose russländische Parlament (Duma) zusammentritt, und unterstützt die ukrainische Fraktion. Für sie verfasst er eine Deklaration der Autonomie der Ukraine, die in der Duma verlesen werden soll. Als es soweit ist, löst sich das Parlament jedoch auf Befehl des Zaren überraschend auf. Hruschewskyj ist enttäuscht, wird in jener Zeit laut seinem Kollegen Dmytro Doroschenko aber »von allen als Führer der ukrainischen nationalen Bewegung in Russland anerkannt« und »zum Symbol der gesamtukrainischen Einigung«.[21]

Während in den Sommerferien 1914 nach dem Attentat von Sarajevo der Erste Weltkrieg ausbricht, macht Hruschewskyj gerade mit seiner Familie in den Bergen der Karpaten Urlaub. Beunruhigt hofft er, dass im Krieg zwischen dem österreichischen auf der einen und dem russländischen Reich auf der anderen Seite für die von beiden Regimen unterdrückten Ukrainer eine Chance auf

Unabhängigkeit und Vereinigung entstehen könnte. Mit seiner Familie reist er nach Wien, von dort weiter nach Italien und schließlich über Rumänien nach Kyjiw. Seine Rückkehr ist riskant, Freunde haben ihn gewarnt. Schon mit Ausbruch des Krieges hat in Sankt Petersburg der Zar den Befehl erlassen, Hruschewskyj, den »gefährlichen Führer der ukrainischen Bewegung«[22], zu verhaften und nach Sibirien zu verbannen, sollte er nach Kyjiw kommen. Vier Tage nach seiner Ankunft durchwühlen Beamte sein Hab und Gut, beschlagnahmen seine Bücher und bringen ihn ins Lukjaniwska-Gefängnis. Mehrere Wochen verbringt Hruschewskyj dort, bevor er etwa 1500 Kilometer nach Osten transportiert wird. Eigentlich sollte er nach Sibirien verbannt werden, doch Bekannten von ihm – so berichtet es Hruschewskyj später selbst – ist es in Sankt Petersburg in letzter Sekunde gelungen, auf dem Verbannungsbefehl einen russischen Buchstaben einzufügen. Statt nach Sibirien geht es nach Simbirsk an der Wolga.

Mehr als ein Jahr lebt Hruschewskyj unter Polizeiaufsicht im Exil, ausgerechnet in der Stadt, in der sein späterer Widersacher geboren wurde. Hruschewskyj muss aus der Ferne verfolgen, wie jene Ukrainer, die er vereinen wollte, nun in unterschiedlichen Uniformen aufeinander schießen sollen. Männer aus Galizien müssen für Österreich, Männer aus den ukrainischen Gebieten im Zarenreich für Russland in den Krieg ziehen. Auf den Feldern und Wegen der heutigen Ukraine treffen sie aufeinander. Die Truppen des Zaren siegen bei ihrem ersten Angriff. Im Herbst 1914 erobern sie Galizien und richten etwa 1500 Ukrainer hin.[23] Viele andere angebliche »kleinrussische Verräter« werden in Lagern misshandelt. Es kommt zu Verfolgungen von Juden. Nach dem Einmarsch in Lemberg hissen die Soldaten die russische Flagge über dem Rathaus und ersetzen österreichische Wappen durch den russischen Adler. Bücher, die nicht im Zarenreich erschienen sind, müssen Buchhändler aus ihren Regalen entfernen. Ukrainische Einrichtungen und Bibliotheken werden geschlossen, ukrainische Zeitungen verboten und in ukrainischen Gymnasien Russisch als Unterrichtssprache angeordnet. »Unsere gemeinsame Mutter – das große rechtgläubige Russland und unsere heilige rechtgläubige russische Kirche breitet für euch ihre Arme aus«, verkündet das neu eingesetzte Oberhaupt der Russisch-Orthodoxen Kirche.[24] Der russische Generalgouverneur Graf G. Bobrinskij erklärt Ostgalizien für »altes russisches Land«, auf dem er nun »russische Sprache, russische Gesetze und Institutionen einführen« werde.[25]

Hruschewskyj ist über die Ereignisse entsetzt. »Der große europäische Krieg, der augenblicklich die Welt umbraust«, formuliert er in seinem Exil, habe die ukrainische Frage zum ersten Mal in der Geschichte der letzten Jahrhunderte auf den Schauplatz der europäischen Politik gebracht. Das ukrainische Problem könne nun weder aus der Welt geschafft noch totgeschwiegen werden. Es habe sich zugespitzt und sei in ein Stadium getreten, wo es nur noch durch »eine Politik des positiven Schaffens« gelöst werden könne.

Zwei Ereignisse bestärken ihn in dieser Hoffnung: Am 22. Juni 1915 marschieren um die Mittagszeit von deutschen Truppen unterstützte österreichisch-ungarische Soldaten in Lemberg ein und beenden die russische Besatzung. Die Autorin Maria van Gember beobachtet, wie

»fremde Menschen sich erschüttert in die Arme fallen; die einen vor Rührung weinen, die andern lachen und jauchzen, wieder andere dankend die Hände zum Himmel empor heben, noch andere niederknien und die Erde küssen, die wieder österreichisch, die wieder frei geworden ist«.

Die zweite Wendung der Geschichte ereignet sich im Zarenreich, wo sich Nikolaus II. nach den Rückschlägen im Weltkrieg selbst zum Oberbefehlshaber seiner Streitkräfte ernennt und sich in der Bevölkerung Hungersnöte, revolutionäre Wut sowie Zweifel am Anführer verbreiten. Durch die Hilfe der Russischen Akademie der Wissenschaften schafft Hruschewskyj es im Herbst 1915 aus Simbirsk erst nach Kasan und 1916 nach Moskau zu kommen. Trotz Polizeiaufsicht arbeitet er weiter an seinen Büchern und steht mit seinen Verbündeten in Kyjiw in regelmäßigem Austausch. In den Wirren des Krieges versuchen diese so viele ukrainische Nationalisten zu mobilisieren wie möglich. Als im März 1917 in vielen Industriezentren des Zarenreiches anlässlich des 12. Jahrestages des Petersburger Blutsonntags die Februarrevolution ausbricht (nach dem damals geltenden russischen Kalender war es noch Februar), bedeutet das für Hruschewskyj die Befreiung. Bereits eine Woche später, während in Sankt Petersburg noch über mögliche Nachfolger für den abgesetzten Zaren diskutiert wird, konstituiert sich in Kyjiw der ukrainische Zentralrat, die Zentralna Rada, als eine Art Vorparlament. Per Telegraf wird Hruschewskyj von seinen Mitstreitern von Moskau nach Kyjiw gebeten. Sie haben ihn zum Vorsitzenden der Zentralna Rada gewählt.

Als Hruschewskyj wenig später in Kyjiw eintrifft, sieht er eine Stadt in Aufruhr. Die Preise explodieren, Löhne werden gekürzt und Arbeitszeiten verlängert. Viele vom Krieg erschöpfte Menschen sind durch die offene Führungsfrage in Sankt Petersburg, wo sich eine provisorische Regierung gebildet hat, verunsichert. Die ukrainischen Nationalisten wollen das Momentum nutzen. Mit Hruschewskyjs Ankunft legitimieren sie die Zentralna Rada durch einen Nationalkongress, bei dem etwa 900 Delegierte aus den Regionen, Parteien, Kirchen-, Militär-, Kultur- und Bauernorganisationen 115 Abgesandte in den Zentralrat wählen. Die Bewegung spürt »sofort die erfahrene und autoritative Hand ihres Lenkers«. Hruschewskyj tritt wie ein »wahrer Revolutionär« und zugleich wie ein »erfahrener Staatsmann« auf, berichtet ein Augenzeuge.[26] Um die Situation nicht weiter zu eskalieren, kooperiert die Zentralna Rada unter Hruschewskyjs Leitung mit der provisorischen russischen Regierung und strebt zunächst nur eine nationalterritoriale Autonomie innerhalb des russländischen Reiches an.

Während sich die Ukrainer in Kyjiw auf die Wiedergeburt ihrer Nation vorbereiten, geschieht in einem anderen Teil Europas etwas, das ihr Schicksal mehr als ihr eigenes Handeln beeinflussen wird. Ein anderer Revolutionär, der in Simbirsk an der Wolga geboren wurde, reist fast zeitgleich von seinem Schweizer Exil über Deutschland, Schweden und Finnland nach Sankt Petersburg. Trotz des Krieges zwischen Russland und Deutschland darf der russische Staatsbürger Wladimir Iljitsch Uljanow unter seinem Pseudonym als Lenin eine Eisenbahnverbindung nutzen, die das Deutsche Reich von Süden nach Norden durchkreuzt. Er wird von den Deutschen unterstützt, da er die provisorische russische Regierung ablehnt und mit seinen Bolschewisten den imperialistischen Krieg in einen Bürgerkrieg umwandeln möchte. Die Folgen von Lenins Zugreise, die über Stuttgart, Frankfurt, Berlin bis nach Saßnitz auf Rügen führt, werden nicht nur die Geschichte Europas, sondern auch Hruschewskyjs Leben bis zu seinem Tod entscheidend verändern.

Im Sommer 1917 erklärt die Zentralna Rada in Kyjiw erstmals die Eigenständigkeit der Ukraine. In einem Universal-Manifest, das an die Kosakenzeit erinnert, heißt es ans »ganze ukrainische Volk« gerichtet: »Dein Schicksal ruht in Deiner Hand! Beweise in dieser schweren Zeit der allgemeinen Unordnung und des Zerfalls durch Deine Einigkeit und Staatsklugheit, dass Du, die Nation der Arbeiter und Bauern, Dich stolz und würdig in die Reihe der organisierten Staatsvölker als Gleiches unter Gleiche stellen kannst.«[27]

Dieser Plan misslingt. Weil einige ukrainische Nationalisten in der Kooperation oder im Austausch der Zentralna Rada mit der provisorischen russischen Regierung einen Verrat sehen. Weil Teile der russischen Stadtbevölkerung zu skeptisch gegenüber der ukrainischen Landbevölkerung eingestellt sind und sich der Nationalbewegung nicht anschließen. Und vor allem, weil im ganzen russländischen Reich mit der Oktoberrevolution der Bürgerkrieg ausbricht. Patrioten in Polen, Finnland, Estland, Lettland und Litauen kämpfen nach dem Zerfall des russländischen Heeres wie die Ukrainer für eigene Nationalstaaten. Lenins rote Bolschewisten, die den Menschen eine sozialistische Revolution versprechen, rücken im ganzen Zarenreich und auch auf Kyjiw vor. Sie kämpfen gegen ukrainische Nationalisten und Weißgardisten, die die sozialistische rote Revolution verhindern wollen.

Während der Belagerung Kyjiws durch Lenins Rote Armee arbeitet Hruschewskyj weiter im Zentralrat. Er versucht sich auf seine Arbeit zu konzentrieren, selbst als ein Kommandeur der Bolschewisten sein Wohnhaus mit Brennmunition beschießen lässt. Bevor das Gebäude bis auf die Grundmauern niederbrennt, retten ukrainische Helfer Hruschewskyjs Mutter Hlavira aus den Trümmern. Sie stirbt einige Tage danach an den Folgen des Brandes. »Der Beschuss, die Einnahme und die Zerstörung Kyjiws durch die Bolschewiken war der Gipfel, der Kulminationspunkt für jene große, in ihren Folgen unabsehbare Wende in der ukrainischen Geschichte«, schreibt Hruschewskyj. Und ergänzt nun viel weniger optimistisch: »Weder die schreibende Hand noch der Gedanke werden zurückkehren nach dieser schrecklichen Erschütterung, die man in dieser Ruine erlebte. Und ich glaube, dass das, worunter ich jetzt so stark leide, auch die ganze Ukraine durchleidet, dass auch die Ukraine alles Alte in dieser Feuersbrunst begraben hat, wie ich meine Mutter.«[28] Im Chaos der Belagerung ruft die Zentralna Rada zwar am 25. Januar 1918 (mit einem auf den 22. Januar rückdatierten Dokument) noch die neue Ukrainische Volksrepublik (UNR) als unabhängigen Staat aus. Wsewolod Holubowytsch übernimmt das Amt des Ministerpräsidenten und Außenministers. Doch schon wenige Tage später müssen er und seine Regierung vor den Bolschewisten aus Kyjiw ins westlich gelegene Schytomyr und von dort aus weiter nach Brest-Litowsk fliehen. Hruschewskyj instruiert die ukrainische Verhandlungsdelegation vor ihrer Abreise nach Brest-Litowsk. In der heutigen belarussischen Grenzstadt einigt sich Holubowytsch im Namen der Ukrainischen Volksrepublik mit den Mittelmächten (Österreich-Ungarn, Deutsches Reich, Osmanisches Reich und Bulgarien) auf den sogenannten Brotfrieden, der den Ukrainern militärische Hilfe gegen die Bolschewiki und im Gegenzug den Mittelmächten Lebensmittel aus der Ukraine verspricht (unter anderem eine Million Tonnen Getreide). Der Begriff der Kornkammer Europas bekommt eine neue Dimension.

Die Ukrainer können zumindest den diplomatischen Erfolg feiern, dass sie bei den Verhandlungen als neuer politischer Akteur akzeptiert werden. (Auch von den Entente-Mächten England und Frankreich werden sie im Februar 1918 anerkannt.) In einem geheimen Protokoll mit Österreich-Ungarn setzen sie durch, dass Ostgalizien und die Bukowina ein eigenes ukrainisches Kronland Österreich-Ungarns werden soll. Zudem soll das vor 1914 zu Polen gehörende Gebiet um Cholm Teil der Ukrainischen Volksrepublik werden.

Wenige Tage nach dem Brotfrieden schließen die Mittelmächte mit Sowjetrussland den Friedensvertrag von Brest-Litowsk, der den Weltkrieg an der europäischen Ostfront beenden und die Ukraine sowie Finnland als selbständige Staaten anerkennen soll. Die Bolschewiki müssen mit der politischen Anerkennung der Ukraine einen großen territorialen Machtverlust akzeptieren. Der Friedensvertrag verpflichtet sie zudem zum Rückzug der Truppen von ukrainischem Territorium und zur Beendigung jeglicher Propaganda in der Ukraine.

Zum Ende der Kampfhandlungen kommt es durch das Abkommen jedoch nicht. Deutsche Truppen marschieren im Frühjahr 1918 in die Ukraine ein und installieren unter Pawlo Skoropadskyj eine von ihnen kontrollierte

Hetman-Regierung. Die ukrainischen Nationalisten der Volksrepublik organisieren sich daraufhin unter der Führung von Wolodymyr Wynnytschenko und Symon Petljura in einem neuen Direktorium, bauen Streitkräfte mit Zehntausenden ukrainischen Bauern auf und wagen die Offensive. Im Kampf gegen die sich zurückziehenden deutschen Truppen und die vom Deutschen Reich gesteuerte Hetman-Regierung erobern sie im Dezember 1918 Kyjiw zurück. Das vom Direktorium kontrollierte Gebiet umfasst bald beinahe die ganze heutige Zentral-, Süd- und Ostukraine. Im Westen des Landes rufen Ukrainer im November 1918 in Lwiw (Lemberg) die Westukrainische Volksrepublik (SUNR) aus, die sich auf Ostgalizien, die Nordbukowina sowie Transkarpatien mit Odesa erstreckt.

Der Bürgerkrieg wütet weiter, doch für einige Tage scheint die Vision eines ukrainischen Staates real zu werden. Am 22. Januar 1919 wehen neben dem Bohdan-Chmelnyzkyj-Denkmal im Stadtzentrum Kyjiws blau-gelbe Fahnen. Dreizacke und goldene Löwen, die Symbole der Volksrepublik (UNR) und der Westukrainischen Volksrepublik (SUNR), prägen den Sophienplatz. Die militärische Ehrengarde marschiert auf, es folgen Vertreter aus Galizien und der Bukowina, Bauern- und Gewerkschaftsvertreter, Politiker, Wissenschaftler, Lehrerinnen, Minister und Mitglieder des Direktoriums. Sie feiern den Zusammenschluss der UNR mit der SUNR. Die historische Vereinigung geht in die Geschichte der Ukraine ein – wenngleich sie schon nach einigen Tagen wieder Geschichte ist. Denn die Kämpfe gehen weiter: bolschewistische Rotarmisten gegen die antirevolutionäre Weiße Armee und gegen ukrainische Nationalisten; französische Truppen der Entente und polnische Kämpfer gegen die bolschewistische Rote Sowjetarmee; ukrainische Bauern, die sich in Kosaken-Heeren formieren, gegen deutsche Besatzer, gegen die Weiße Armee und gegen Polen, die ihren neu entstandenen Staat auf Galizien ausweiten wollen.

Acht bis zehn Millionen Menschen sterben im Vielfronten-Krieg, der auch in den Jahren 1919 und 1920 die Menschen nicht zur Ruhe kommen lässt. Unter den Opfern sind mindestens 40 000 Juden, die gezielt von russischen Offizieren, der Weißen Armee und autonomen ukrainischen Kampfgruppen verfolgt werden. Es dauert bis zum Jahr 1921, dann haben Lenins Bolschewisten die ukrainischen Partisanenkämpfer in einem von Tod, Chaos und Anarchie traumatisierten Land unterworfen. Bis dahin wird Kyjiw in dreißig Monaten neun Mal von Besatzern eingenommen sein. Die Stadt und das gesamte kurzzeitig von der Ukrainischen Volksrepublik für sich beanspruchte Gebiet gleichen einem Trümmerfeld. 1922 tritt die Ukrainische Sozialistische Sowjetrepublik (USRR) offiziell neben der Russländischen SFSR, der Belarussischen SRR und der Transkaukasischen SFSR Lenins Sowjetunion bei. Teile des westukrainischen Territoriums werden auf Polen, Rumänien und die Tschechoslowakei aufgeteilt.

Fast zwei Jahre ist es der Volksrepublik trotz katastrophaler Umstände gelungen, ihren Staat zumindest auf dem Papier zu halten. Drei Hauptgründe führen dann jedoch zum Scheitern: Ähnlich wie zu Zeiten von Kosaken-Hetman Chmelnyzkyj finden die Ukrainer keinen starken militärischen Verbündeten, der die Ukraine als eigenständige Nation erhalten möchte. Und alleine sind sie militärisch in diesem ersten industriellen Krieg der Menschheit nicht stark genug. Zweitens: Die Anführer der Volksrepublik schaffen es nicht, die ukrainischen Bauernverbände zu einen und geschlossen anzuführen. Viele Bauern kämpfen für ihre eigenen Freiheiten, aber nicht für eine freie Nation. Und Drittens: Die Führung der Ukrainer wechselt und ist sich nicht einig. Mychajlo Hruschewskyj, Wsewolod Holubowytsch, Wolodymyr Wynnytschenko und Symon Petljura, beziehungsweise die Zentralna Rada, das Direktorium und die Führung der Volksrepubliken verbindet keine einheitliche Strategie und politische Linie.

Nach dem Tod seiner Mutter und den enttäuschenden Bürgerkriegsjahren verabschiedet sich Mychajlo Hruschewskyj aus der Politik. Für den »Vater der staatlichen Wiedergeburt,« wie ihn ein Biograf später nennen wird, gibt es keinen Platz mehr im politischen Leben der Ukraine. In Kyjiw wechselt er während des Krieges unter falschem Namen mehrfach die Wohnung. 1919 zieht er in die heute westukrainische Stadt Kamjanez. Als ihm der Vorsitz der Ukrainischen Akademie der Wissenschaften angeboten wird, lehnt er ab. Doch 1924 kehrt er gegen den Rat aller seiner Freunde im Alter von 57 Jahren noch einmal nach Kyjiw zurück. Als Mitglied der neuen Akademie möchte er weiter für die ukrainische Historiografie arbeiten. In der zukünftigen Hauptstadt der Sowjetrepublik wollen Lenins Parteifunktionäre den Nationalisten allerdings nicht mehr sehen. Die Angst vor Hruschewskyjs Wirken ist so groß, dass er 1931 mit seiner Familie erneut verbannt wird. In Moskau muss er eine demütigende Pressekampagne gegen sich ertragen und erblindet fast komplett. Sowjetische

Geheimdienst-Mitarbeiter bewachen ihn bis zu seinem Tod in einem Sanatorium im Kaukasus.

Der Wechsel in die Politik ist für Hruschewskyj die Tragik seines Lebens gewesen. Es war ihm »nicht gegeben, sein Volk zum Ziele zu führen, aber er hat ihm dieses Ziel lebendig vor Augen gestellt [...] und sein Werk wirkt über sein Leben im nationalen Sinne fort«, schreibt der deutsche Historiker Anton Palme einige Jahre nach Hruschewskyjs Tod.[29] Wie richtig er damit liegt, wird sich auch im folgenden Jahrhundert zeigen. Im Dezember 2013 werden sich Demonstranten der Euromaidan-Revolution in Kyjiws Zentrum versammeln, sich für mehr Unabhängigkeit von der Russischen Föderation der Polizei entgegenstellen und ihre Barrikaden auch auf einer Straße errichten, die den Namen Hruschewskyjs trägt (siehe Kapitel 14).

8. Menschen essen Wurst aus Menschenfleisch: Holodomor, Stalins Massenmord durch Hunger

Dienstag, 5. April 1932: *Sie nehmen alles bis zum letzten Brotkörnchen, wohl wissend, was sie dadurch bewirken. Die Kinder werden vom Hunger gefoltert und von Würmern, weil sie rohe Rüben essen, die nicht bis zur nächsten Ernte reichen werden. Was wird dann geschehen?*

Oleksandra Radtschenko weiß, sollten Parteibeamte oder Soldaten in Stalins Diensten von ihrem Tagebuch erfahren, wird sie im Gefängnis landen. Bereits der Versuch, Informationen aus der Ukraine zu verbreiten, wird von den Kommunisten nicht geduldet. Doch die Lehrerin schreibt seit ihrem 30. Lebensjahr regelmäßig Tagebuch, begann damit schon bevor Josef Stalin die Macht vom verstorbenen Lenin übernommen hatte. Und angesichts der Schulkinder, die mit jedem weiteren Tag quasi vor Oleksandra Radtschenkos Augen verhungern, kann die dreifache Mutter nicht aufhören zu schreiben.

Mittwoch, 6. April 1932: *Manchmal ergreift mich eine unkontrollierbare Wut und ich fühle mich krank. Ich lese von »sowjetischer Geschwindigkeit« in einem Bericht der kommunistischen Zeitung »Prawda«, dann von der Eröffnung des ersten Hochofens in Europa, von der Fertigstellung des Staudamms in Dniprostroy und vielem anderen. Das ist alles gut, aber* *was nützt diese Geschwindigkeit angesichts der von Hunger und Mangel geschwollenen Kinder und Männer? Das Verbrechen entwickelt sich mit besonderer Geschwindigkeit.*

Holod bedeutet auf Ukrainisch *Hunger*, *mor* heißt *Mord* oder *Tötung*. Der sich daraus ergebende *Holodomor* hat sich in das nationale Gedächtnis der Ukraine gebrannt, weil zwischen 1931 und 1934 in der Sowjetunion mindestens fünf Millionen Menschen verhungern, mehr als 3,9 Millionen von ihnen sind Ukrainerinnen oder Ukrainer.[30] Sie sterben nicht durch eine unvermeidbare Naturkatastrophe. Sie sterben, weil Stalin anordnet, ihnen das Getreide ihrer Felder wegzunehmen, damit die Sowjetunion es ins Ausland verkaufen kann. Nach Lenins Neuer Ökonomischer Politik, die in den Folgejahren des Bürgerkrieges Ukrainisch als Amtssprache, ukrainische Theater, Schulen, Universitäten, Bücher, Zeitungen sowie marktwirtschaftliche Elemente in der Planwirtschaft und kulturelle Freiheiten erlaubt hatte, ändert Stalin diese Politik. Lasar Kaganowitsch, Stalins enger Vertrauter, ukrainischer Parteichef und Mitglied im Politbüro, dem wichtigsten politischen Gremium der UdSSR, behauptet zwar weiterhin, die Kommunisten seien für eine Ukrainisierung, weil sie ein »fundamentales Mittel zum Aufbau des Sozialismus« darstelle. Tatsächlich trägt er jedoch Stalins Unterdrückungspolitik der »Großen Wende« mit. Der Erste Fünfjahresplan des Politbüros soll ab 1929 die Erträge der zwangskollektivierten Landwirtschaft erhöhen und die Industrialisierung vorantreiben. Um die Vorgaben zu erreichen, soll die Ukraine durch Enteignungen, Verhaftungen, massenhafte Deportationen und Hinrichtungen »entkulakisiert« werden. Als Kulaken gelten Bauern, die ihr Land selbständig beackern und andere Feinde der Stalinisten.

Wie wichtig die Ukrainerinnen und Ukrainer für die Entwicklung der Sowjetunion sind, beweist allein ihre Anzahl. 1926 stellen sie fast 45 Prozent der Nichtrussen und 21 Prozent der Gesamtbevölkerung im Sowjetreich.[31] Oleksandra Radtschenko ist eine von ihnen. Sie hat die Bürgerkriegsjahre überlebt und wohnt in der Region um Charkiw, der Stadt, die die Bolschewisten bis 1934 zur Hauptstadt der Ukrainischen SSR erklärt haben.

Donnerstag, 2. Juni 1932: *Das Überleben ist schwierig und wird noch viel schwieriger. Es ist eine ungewöhnliche, in der Geschichte beispiellose Zeit. Alle leiden an Mangelernährung oder Hungersnot und an einer kargen Existenz. Darüber hinaus ist die Unpersönlichkeit erschreckend und bedrückend.*

Als der Fünfjahresplan nicht die gewünschten Ergebnisse erzielt, bestimmt Stalin neue Mengen an Getreide, die die Ukrainer abgeben müssen, und lässt schwarze Listen mit Namen von Kulaken erstellen. Im Dezember 1932 beschließt er zwei nichtöffentliche Dekrete. Demnach ist die Ukrainisierung der Grund für das Scheitern des Fünfjahresplans. Statt Sowjet-Interessen zu dienen, habe die Ukrainisierung es »bürgerlich-nationalistischen Elementen« ermöglicht, »geheime konterrevolutionäre Zellen im Staatsapparat« aufzubauen. Auch Parteimitglieder werden nun als »Saboteure der Getreideeintreibung« beschuldigt.

Sonntag, 20. Novemer 1932: *Der alte Mann, der beim Kaninchenstall arbeitete, wurde »von den Behörden ausgeraubt«, wie er sagte. Alles Getreide und Gemüse wurde ihm weg genommen [...] Er lebt fast wie ein Bettler, nur dass er nicht bettelt. Er ist 70 Jahre alt, seine Frau ist 65, und ihre behinderte Tochter wohnt bei ihnen.*

Verzweifelt über diese totalitäre Politik lädt der Autor Mykola Chwylowyj am 13. Mai 1933 zwei seiner Schriftstellerkollegen in seine Wohnung ein. Chwylowyj gilt als einer der Köpfe der kulturellen Renaissance, eine Gruppe Intellektueller, die die ukrainische Kultur für weniger provinziell und russifiziert halten als sowjetische Vorgaben es verlangen. Ende der 1920er hatte er in Berlin und Wien gelebt. Jetzt wohnt Chwylowyj in Charkiw in einem Haus, das für ukrainisch-sowjetische Schriftsteller errichtet wurde. Das Gebäude heißt *Wort* (*слово* auf Ukrainisch), hat eine halbrunde C-Form und wird vom Geheimdienst überwacht. Chwylowyjs neuestes Werk mit dem Titel *Ukraine oder Kleinrussland?* wurde von den Parteibehörden verboten. »Ist Russland ein unabhängiger Staat? Ja, es ist unabhängig! Na dann sind auch wir unabhängig!«, lautet eine Textzeile aus einem früheren Werk von ihm. Chwylowyj ist durch die Ukraine gereist und hat mit eigenen Augen gesehen, wie viele Bauern hungern müssen. Er erkennt in der Hungersnot eine politische Maßnahme, »die ein sehr gefährliches ukrainisches Problem auf einen Schlag lösen soll«.[32] Weil Chwylowyj eine Entkolonialisierung der Ukraine befürwortet, warnt Stalin persönlich in einem Brief an Lasar Kaganowitsch vor seiner »Westorientierung« und seinem »Bourgeoisie-Nationalismus.«[33]

Bei dem Treffen in seiner Wohnung ist auch Chwylowyjs Frau Julia Umantsewa dabei. Das Paar diskutiert mit den beiden Schriftsteller-Kollegen über ihren gemeinsamen Freund Mykhajlo Jalowyj, der gerade verhaftet und wegen seiner Gedichte zu zehn Jahren Haft verurteilt wurde. Nach einer Weile verlässt Chwylowyj die Runde und geht in einen anderen Raum. Er nimmt sich zwei Zettel und notiert darauf einen Brief. »Jalowyjs Verhaftung ist eine Hinrichtung der gesamten Generation«, lautet einer der Sätze. Dann erschießt Mykola Chwylowyj sich. Seine beiden Kollegen, die während des Schusses im Nebenraum der Wohnung gesessen haben, werden nach diesem 13. Mai 1933 verhaftet. Sein Freund Jalowyj wird zusammen mit vielen anderen der »hingerichteten Renaissance-Generation«[34] im sibirischen Gulag getötet.

Montag, 9. Januar 1933: *Kinder werden entführt und Wurst aus Menschenfleisch wird verkauft. Gesündere Erwachsene werden überwältigt und von Personen entführt, die angeblich Schuhe verkaufen [...] Immer noch verschwinden Kinder.*

Im November 1933 beschließt die ukrainische Sowjetführung, alle verbliebenen Getreidevorräte zu beschlagnahmen. Sonderbrigaden reiten in die Dörfer und konfiszieren alles, was zu finden ist. Getreide ist nun Staatseigentum. Wer versucht, es zu verstecken, wird bestraft. Das Politbüro in Moskau verhängt auch für Partei- und Kolchoseleiter, die Abgabevorgaben nicht erfüllen, die Todesstrafe. Ganze Dörfer werden der Sabotage beschuldigt und in die schwarzen Listen eingetragen. Indem alle Lieferungen zu ihnen eingestellt werden, überlässt man sie ihrem Schicksal. Ältere Ukrainer, die die Zarenzeit noch erlebt haben, erinnert Stalins Sowjetisierung an die einstige Russifizierung. Eine vergleichbare extreme Hungersnot gab es damals jedoch nicht. Aus Verzweiflung kochen Menschen Suppe aus Gras, essen Pferdemist, Pferdefleisch oder Teile von verstorbenen Menschen. Die meisten verhungern dennoch. Vor den Dörfern werden Gruben ausgehoben, in denen die Leichen verscharrt werden. Es sind zu viele, um sie in Einzelgräbern zu bestatten. Als Familien vor Kannibalismus oder Hungertod ins Ausland flüchten wollen, lässt Stalin die Armee an der Grenze aufmarschieren. Seine Politik zerstört systematisch die ukrainische Gesellschaft und versucht, den Massenmord vor der Weltöffentlichkeit zu verheimlichen. Während die Zeitungen von industriellen Erfolgen des sowjetischen Staates berichten, ist es den Bürgern verboten, über den Holodomor zu sprechen.

Da Deutschland bereits seit 1922 diplomatische Beziehungen zur Sowjetunion aufgenommen hat und sieben Konsulate, davon drei in den ukrainischen Städten Kyjiw, Charkiw und Odesa, unterhält, ist die deutsche Regierung trotz Stalins Geheimhaltung genau über die Verbrechen an der Bevölkerung unterrichtet. Der deutsche Konsul in Odesa Paul Roth schreibt in seinem Jahresbericht von 1933: »Am schlimmsten war die Lage im Norden des Amtsbezirkes. Aber auch in Odesa konnte man Menschen auf der Straße vor Hunger umfallen sehen.«[35] Obwohl die Kenntnisse durch die Berichte klar sind, prangert Deutschland Stalins Verbrechen an der Bevölkerung nicht öffentlich an.

Donnerstag, 13. März 1933: *Auf dem Weg zum Dorf Zaroschne auf einem Feld in der Nähe der Straße sahen wir einen alten Mann, dünn, mit zerrissenen Kleidern und ohne Stiefel. Vielleicht fiel er ausgemergelt und erschöpft hin und erfror dann, oder er starb einfach [...] und irgendwer nahm seine Stiefel. Als wir vom Dorf zurückkehrten, sahen wir ihn wieder. Keiner vermisste ihn. [...]*

Einige Monate nach dem Suizid des Autors Mykola Chwylowyj erschießt sich ein anderer Mann in Charkiw, der den gleichen Vornamen trägt. Mykola Skrypnyk hatte als Parteiführer unter Stalin Karriere gemacht und zugleich im Kommissariat für Volksbildung die ukrainische Sprache und Kultur gefördert. Er vertrat einen ukrainischen Bolschewismus, glaubte an den Nationalkommunismus und war im Politbüro in Ungnade gefallen. Die Partei warf ihm vor, er habe russische Kinder gewaltsam versucht zu ukrainisieren.

Donnerstag, 13. März 1933: *Einige Tage zuvor kam ein Stallknecht vorbei. Sein Gesicht und seine Arme waren ganz geschwollen. Er sagte, dass seine Beine sich schwer anfühlten und er bereit zum Sterben sei.*

In den folgenden Jahren werden die Verfolgungen zum Massenterror. Die »Große Säuberung« erfasst alle Gesellschaftsteile. Schriftsteller, Künstlerinnen, Sänger, Wissenschaftlerinnen und Politiker werden nach Sibirien deportiert oder erschossen. Fast die gesamte Führungsebene in Kyjiw, 168 000 Parteimitglieder fallen »Säuberungen« zum Opfer.

Die Lehrerin Oleksandra Radtschenko überlebt diese Zeiten, selbst den Zweiten Weltkrieg. Doch im August 1945 verhaftet die Geheimpolizei Stalins auch sie. Die Polizisten durchsuchen ihre Wohnung und beschlagnahmen ihr Tagebuch. Sechs Monate wird sie von Beamten des Diktators verhört und schließlich wegen eines »Tagebuchs mit konterrevolutionärem Inhalt« angeklagt. Ihre Aufzeichnungen seien vor allem für ihre Kinder bestimmt gewesen. Sie habe geschrieben, weil ihre Kinder nach zwanzig Jahren sonst nicht mehr glauben würden, welche gewaltsamen Methoden angewandt worden seien, um den Sozialismus aufzubauen, sagt Oleksandra Radtschenko in der Verhandlung.[36] Sie wird der antisowjetischen Propaganda beschuldigt und zu zehn Jahren in einem kommunistischen Konzentrationslager verurteilt.

Der polnisch-jüdische Rechtsanwalt, Holocaust- und Genozid-Forscher Raphael Lemkin wird den Holodomor später als »das klassische Beispiel eines sowjetischen Genozids« bezeichnen.[37] Die Ukraine und 21 weitere Länder werden Stalins Massenmorde ebenfalls als Genozid einstufen. Doch laut UN-Definition, an der die Sowjetunion als Siegermacht des Zweiten Weltkrieges mitgearbeitet hat, spricht man nur dann von einem Genozid, wenn eine ethnische Gruppe gezielt mit Methoden wie im Holocaust komplett vernichtet wird. Dem Holodomor fielen zwar überwiegend ethnische Ukrainer auf dem Gebiet der heutigen Ukraine zum Opfer, jedoch starben beispielsweise in der Autonomen Republik Kasachstan auch viele Unschuldige an diesem Verbrechen gegen die Menschlichkeit.

Eine andere Verbindung zwischen Holodomor und Holocaust lässt sich vermuten: Während der staatlich erzeugten Hungersnot leben noch immer viele Juden auf dem Gebiet der Ukrainischen SSR. Viele von ihnen haben sich assimiliert. Dennoch erwacht in den Jahren des Leids in Teilen der Bevölkerung eine Judenfeindlichkeit, die sich mit der Abwehr gegen den Kommunismus verbindet. Sie wird sich einige Jahre später entladen.

9. Holocaust durch Kugeln: Der Rassenwahn der Nazis und Stepan Banderas Verantwortung im Zweiten Weltkrieg

Vor dem Ausbruch des Zweiten Weltkriegs liegt etwa ein Viertel des heutigen ukrainischen Gebiets außerhalb der Sowjetunion. Ukrainerinnen und Ukrainer leben seit dem Ende des Ersten Weltkriegs in Rumänien (Bessarabien und Bukowina), in der Tschechoslowakei (Karpaten-Ukraine) und vor allem in Polen. Der neue polnische Nationalstaat verfolgt gegenüber Minderheiten allerdings keine besonders freundliche Politik. »Die ukrainische Frage ist nicht so schwer zu lösen wie die jüdische, sie ist nicht so gefährlich wie die deutsche, aber es ist die älteste und die wichtigste«, heißt es in einem Papier des polnischen Außenministeriums.[38] Das »fremde Element« werde sich umsehen müssen, ob es nicht anderswo besser aufgehoben sei, sagt der spätere Kultusminister Stanislaw Grabski 1919, und ergänzt: »Polnisches Land für die Polen!«[39]

Zu diesem Land gehört auch das ehemals österreichische Territorium rund um Lwiw (Lemberg), wo die meisten der fünf bis sechs Millionen Ukrainer wohnen. Vor Juden, Belarussen und Deutschen sind sie die größte ethnische Minderheit in der gesamten polnischen Republik und bilden in Wolhynien (fast 70 Prozent) und in Ostgalizien (mehr als 50 Prozent) sogar die Mehrheit. Einer von ihnen, der sich mit dem Minderheitenstatus nicht abfinden möchte, ist der 1909 in Galizien geborene Stepan Bandera. Als

Kind erlebt er in seiner griechisch-katholischen Priesterfamilie, wie die Westukrainische Volksrepublik gegründet und kurze Zeit danach durch den polnisch-ukrainischen Kampf während des Ersten Weltkrieges wieder zerstört wird. Als Jugendlicher träumt er von Revanche und dem Auferstehen der ukrainischen Nation in seiner Heimat. Und als junger Mann möchte er mit der in Wien gegründeten Organisation Ukrainischer Nationalisten (OUN) diesen Traum verwirklichen.

Der dunkelhaarige Bandera studiert in Lwiw und erlebt die neue Polonisierung unmittelbar. Ukrainische Parteien dürfen zwar weiterhin bestehen, ihre Abgeordneten im polnischen Parlament sprechen, ukrainische Schulen und Universitäts-Lehrstühle werden jedoch geschlossen. Fast alle wichtigen Positionen in Politik, Wirtschaft und Bildung sind von Polen besetzt, die Pressefreiheit ist für ukrainische Zeitungen eingeschränkt. Der polnische Staat akzeptiert die ukrainische Bevölkerung nicht als eigenständiges Volk oder als eigene Nation, und die Organisation Ukrainischer Nationalisten möchte das wiederum nicht akzeptieren. Unter der Leitung von Jewhen Konowalez militarisiert sich die Untergrundorganisation, die bald nur noch OUN genannt wird, immer weiter. Ihre Ziele: Aufstand, Revolution und ein eigener unabhängiger Nationalstaat. Ihre Feinde: Polen, die Sowjetunion sowie alle, die mit den Feinden kooperieren. Im Juli 1930 beginnen ukrainische Nationalisten mit Sabotageaktionen in Ostgalizien und zerstören in der gesamten Region polnisches Eigentum und Häuser. Im September befiehlt das polnische Staatsoberhaupt daraufhin die »Befriedung Galiziens« und schickt tausend Polizisten und die Armee in etwa 450 ukrainische Dörfer. Die Polizeieinheiten umstellen Dorf um Dorf. Während die Bewohner in ihren Häusern bleiben müssen, reden die Beamten mit dem Bürgermeister oder Dorfältesten und durchsuchen danach alle Gebäude, in denen Waffen oder OUN-Unterstützer vermutet werden. Ukrainische Historiker schreiben von fast drei Dutzend Todesopfern durch die »Befriedung«, polnische von weit weniger.

Einer der OUN-Terroristen, der auf die »Befriedung« nicht mit Frieden reagiert, ist Stepan Bandera. Im Juli 1934 beteiligt er sich an der Planung des Attentats auf den Direktor des Lwiwer Akademischen Gymnasiums, weil dieser mit der polnischen Polizei zusammengearbeitet haben soll. Im Oktober 1933 hat er den Mord des Sekretärs im sowjetischen Konsulat in Lwiw organisiert, weil dieser für den Holodomor mitverantwortlich sein soll. Und am 15. Juni 1934 überschreitet Bandera mit der OUN mindestens nach polnischer Lesart eine Grenze:

Es ist gegen halb vier am Nachmittag, als sich der polnische Innenminister Bronisław Pieracki in Warschau mit seiner Dienstlimousine vom Ministerium in den »Social Club« fahren lässt. Er will den beliebten Klub besuchen, in dem sich Journalisten, Politiker und die polnische Elite treffen. Pieracki steigt aus und geht zum Eingang, als plötzlich ein Unbekannter auf ihn zukommt, einen Revolver zieht und abdrückt. Eine Kugel streift den Kopf und durchbohrt das rechte Ohr des Ministers, eine bleibt im oberen Teil des Schädels stecken und eine weitere verfehlt das Ziel. Der Innenminister sackt zusammen. Der Schütze läuft los. Zwei Polizisten, der Chauffeur des Ministers und etwa ein Dutzend weitere Personen verfolgen ihn durch die Innenstadt Warschaus. Den Berichten der polnischen

Presse zufolge entwickelt sich eine Verfolgungsjagd wie in einem James-Bond-Film. Der Attentäter rennt auf seine Verfolger schießend die Kopernika-Straße entlang, verliert seinen Hut, hastet weiter in die Szczygłą-Straße, wo er am Ausgang der Treppe zur Okólnik-Straße die Verfolger im Gewühl des Zirkus abschütteln und in einem Gebäude verschwinden kann. Im Treppenhaus zieht er seinen Mantel aus und schlendert danach ruhig wie ein normaler Passant durch die Straßen der Stadt. Ihm gelingt die Flucht nach Lwiw, von wo er es über die Tschechoslowakei bis nach Argentinien schafft. Unter neuer Identität lebt er in Südamerika noch mehr als dreißig Jahre in Freiheit.

Der Mordfall beschäftigt die polnische Polizei und Öffentlichkeit über Monate und Jahre. Gleich nach der Tat setzen die Behörden eine Belohnung von 100 000 Złoty für Hinweise aus. Der polnische Journalist und Historiker Dariusz Baliszewski will noch 2006, mehr als siebzig Jahre nach der Tat, Belege gefunden haben, die nicht für ein politisches Attentat der OUN sprechen. Demnach könnte der Täter aus persönlichen Gründen gehandelt haben. Zweifel ranken sich vor allem um eine Bombe, die er angeblich vor seinen Schüssen zünden wollte, um weitere polnische Politiker zu töten.[40]

Als einer der Drahtzieher des Anschlags wird Stepan Bandera noch am Tag der Tat verhaftet. Nach langen Ermittlungen und Verhandlungen verhängt ein polnisches Gericht im Januar 1936 gegen ihn und zwei seiner Mitarbeiter die Todesstrafe, die später in lebenslange Haft umgewandelt wird. Bei der Urteilsverkündung demonstrieren seine Anhänger noch im Gerichtssaal ihre Treue. Sie grüßen Bandera mit ausgestreckten rechten Armen und Händen.

Gut fünf Jahre sitzt Bandera in einer polnischen Zelle. Im Gefängnis erfährt er, dass der Anführer der OUN, Jewhen Konowalez, durch eine Bombe getötet wurde, die in einer Pralinenschachtel versteckt war. Ein Agent der sowjetischen Geheimpolizei hatte Konowalez besucht und ihm das russische »Geschenk« überbracht.

Nach dem Tod ihres Anführers spaltet sich die OUN in zwei Lager. Der radikalere und unter jungen Nationalisten beliebtere Flügel, die sogenannten Banderowzy oder Banderisten werden nun als OUN-B von Bandera angeführt. Ideologisch beziehen sie sich auf die Schriften Dmitro Donzows, der zum gnadenlosen und skrupellosen Kampf für den ukrainischen Staat aufruft, Gewalt idealisiert, Texte von Hitler und Mussolini ins Ukrainische übersetzt und sich der Rassentheorie samt Antisemitismus anschließt. Aus Donzows Werken leiten die Bandera-Anhänger ihre »Zehn Gebote des ukrainischen Nationalismus« ab. Darin heißt es: »Behandle die Feinde deiner Nation mit Hass und ohne Rücksicht!« Und: »Du wirst einen ukrainischen Staat erreichen oder im Kampf dafür sterben!«[41]

Seine vorzeitige Entlassung aus der polnischen Haft im Herbst 1939 verdankt Bandera Adolf Hitler und Josef Stalin. Die beiden Diktatoren haben sich vor Kriegsbeginn in einem geheimen Abkommen (Molotow-Ribbentrop-Pakt) über eine künftige Aufteilung Polens und der baltischen Länder verständigt. Nach Ausbruch des Zweiten Weltkrieges durch den Angriff der Nazis auf Polen rückt Stalins Sowjetarmee von Osten in die polnische Republik ein. Viele polnische Gefangene und auch Bandera nutzen die Gelegenheit zur Flucht. Vom Sommer 1939 bis zum Sommer 1941 halten die Sowjets die ukrainischen Gebiete rund um Lwiw besetzt und sorgen so für eine Vereinigung der in Polen lebenden Ukrainer mit der USSR. Stalins Sowjetisierungsmaßnahmen, inklusive Enteignungen und Deportationen, sollen nun gegen den Widerstand vieler ukrainischer Bauern und Nationalisten auch in Galizien und Wolhynien umgesetzt werden. Bandera möchte das unter allen Umständen verhindern. Er hofft deshalb auf den Ostfeldzug der Nazis und ein kroatisches Szenario für die Ukraine: Nach der Besetzung Jugoslawiens ließ Hitler den Faschisten Ante Pavelić aus Italien zurückholen, um ihn im April 1941, »mit dem Willen des deutschen Volkes«, einen unabhängigen kroatischen Staat ausrufen zu lassen.[42] Doch Banderas Hoffnung wird enttäuscht. Sein Stellvertreter in der OUN-B, Jaroslaw Stezko, ruft am 30. Juni 1941 in Lwiw eine unabhängige Ukraine aus. Dies war allerdings niemals und ist auch jetzt nicht Hitlers Plan. Der deutsche Führer duldet keine eigenständige Ukraine, hat er für die Gebiete nördlich des Schwarzen Meeres doch ganz andere Pläne.

Die Karpaten-Ukraine, ein Teil der Tschechoslowakei, der sich ebenfalls für unabhängig erklärt hat, wird von Hitlers Verbündetem Ungarn besetzt und mit deutscher Zustimmung annektiert. Mittel- und langfristig möchten die Nationalsozialisten in der Ukraine eine Kolonie des Deutschen Reiches errichten, in der die ukrainischen »Untermenschen« (laut NS-Rassenlehre) vernichtet oder von der höheren arischen Rasse geführt werden sollen. Diese ukrainische Kolonie, die im Mittelpunkt von Hitlers imperialistischen Plänen steht, soll dem Deutschen Reich als Kornkammer, zur Rohstoffversorgung dienen und billige Arbeitssklaven liefern. 1941 malt sich Hitler im Führerhauptquartier die Zukunft der Ukraine so aus: »Die Schönheit der Krim, uns erschlossen durch eine Autobahn: der deutsche Süden. (…) Was für England Indien war, wird für uns der Ostraum sein. (…) Wir werden ein Getreide-Exportland sein für alle in Europa, die auf Getreide angewiesen sind. In der Krim haben wir Südfrüchte, Gummipflanzen, Baumwolle. Die Pripjetsümpfe geben uns Schilf. Den Ukrainern liefern wir Kopftücher, Glasketten als Schmuck und was sonst Kolonialvölkern gefällt.«[43] Um diese wahnsinnigen Ziele zu erreichen, wollen die Nazis hauptsächlich auf dem Gebiet der heutigen Ukraine ihren »Hungerplan«, der zig Millionen im Winter 1941 töten wird, ihren »Generalplan Ost«, nach dem innerhalb von zehn bis fünfzehn Jahren weitere Millionen deportiert oder umgebracht werden sollen, und die »Endlösung«, die die Auslöschung allen jüdischen Lebens vorsieht, umsetzen. Während die Wehrmacht nur für relativ kurze Zeit etwa zehn Prozent des sowjet-russischen Gebietes besetzt[44], hält die deutsche Armee die Sowjet-Ukraine die meiste Zeit des Krieges komplett unter ihrer Kontrolle.

Weil Bandera und sein Stellvertreter Stezko sich von ihren Nationalstaatsplänen für die Ukraine nicht verabschieden wollen, verhaften deutsche Soldaten beide nach der gescheiterten Unabhängigkeitserklärung. Bandera wird in einer Baracke des KZ Sachsenhausen bei Berlin inhaftiert. Weitere drei Jahre, in denen die NS-Soldaten in ihrem Vernichtungskrieg nach Osten vorrücken, verbringt er in Gefangenschaft.

Insgesamt sitzt Bandera zwischen 1934 und 1944 etwa acht Jahre in polnischer oder deutscher Haft. Sein direkter Einfluss auf das Geschehen ist im Vergleich zu seiner

Glorifizierung durch ukrainische Nationalisten und seiner umfassenden Diffamierung durch die sowjetischen und Putin'schen Propaganda-Apparate gering.* Während des Krieges und auch danach ist er so gut wie gar nicht in der Ukraine. Doch ein Mensch muss nicht selbst zur Tat schreiten, wenn andere in seinem Namen handeln. Bereits vor dem Einmarsch ausländischer Truppen haben Banderisten polnische Wahlen sabotiert sowie polnische Gutshöfe niedergebrannt. Gegen die sowjetischen Besatzer ruft die OUN nun (ganz im Sinne der Nazis) zur Gegenwehr mit allen Mitteln auf. Die Ukrainische Aufständische Armee, kurz UPA, dient als militärischer Flügel der OUN. Sie agiert (ähnlich wie ukrainische Kämpfer, die die rote Armee unterstützen) als Partisanenstreitmacht und soll die Feinde, also Polen, Moskowiter Sowjets und Juden liquidieren. Ihr Antisemitismus stützt sich auf das von den Nazis verbreitete Feindbild des »jüdischen Bolschewismus«. Ukrainer lassen sich auch direkt in Kampfverbände der Nazis einspannen, wie etwa in zwei Bataillone der OUN mit den Decknamen »Nachtigall« und »Roland«, die an deutscher Seite beim Einmarsch in Lwiw kämpfen, und wie in die 14. Waffen-Grenadier-Division der SS, die während des Krieges bis zu 20 000 Mann zählt. Die NS-Truppe massakriert polnische und jüdische Zivilisten. Banderas Anhänger beteiligen sich in der Westukraine an der Ermordung von bis zu 800 000 Juden durch die Deutschen. Der Nationalist, Patriot und Faschist (polnischen und russischen

* 2010 wird Bandera von Präsident Wiktor Juschtschenko der Titel *Held der Ukraine* verliehen, der ihm noch im selben Jahr durch den neuen prorussischen Präsidenten Wiktor Janukowytsch wieder aberkannt wird.

Historikern zufolge ist er auch das, obwohl er sich selbst und die OUN sich nicht so bezeichnen) Bandera trägt, erst als Propaganda-Beauftragter und später als Anführer der OUN-B, auch dafür Verantwortung.

Ab Juni 1941 erreicht der Krieg durch Hitlers Ostfeldzug eine neue Dimension des Grauens. Menschen werden wegen ihrer Religion, Nationalität, Parteizugehörigkeit, einer Behinderung, falscher Worte exekutiert – oder weil ein Soldat einen schlechten Tag hat. Vergewaltigungen geschehen so häufig, als seien sie eine Selbstverständlichkeit. Korruption, Verrat und Deportationen gehören zum Alltag. Der Tod ist in den Wochen, Monaten und Jahren der Kriegsgräuel ein normaler Teil des Lebens. Das Ausmaß der Gewalt ist kaum in Worte zu fassen. Die folgende Liste der zahlenmäßig schlimmsten Massaker, die auf heutigem ukrainischem Boden begangen wurden, kann das Elend daher nur andeuten:

Juni, Juli 1941: Massenmorde in Lwiw

Eine Woche vor der deutschen Einnahme Lwiws lässt der sowjetische Geheimdienst in drei Gefängnissen Tausende politische Gefangene ermorden. Die deutschen Besatzer machen die »jüdischen Bolschewisten« für die Tat verantwortlich und initiieren einen antisemitischen Pogrom. Die Wehrmacht, ukrainische Milizen und Zivilisten richten mehr als 3000 Juden hin.

August 1941: Massaker von Kamjanez-Podilskyj

Außerhalb des südwestlich von Lwiw gelegenen Kamjanez-Podilskyj töten SS-Angehörige im bis dahin größten Massenmord des Krieges etwa 23 500 jüdische Kinder, Frauen und Männer. Viele der Opfer müssen sich neben bereits Erschossene in Gräben legen und werden per Kopfschuss exekutiert. Viele werden lebend begraben.

September 1941: Massenmord in Berdytschiw

Der »Holocaust durch Kugeln« wird in der westlich von Kyjiw gelegenen Stadt Berdytschiw fortgeführt. Am 15. September sterben dort 12 000 Juden. Als die Sowjets im Januar 1944 die Stadt zurückerobern, treffen sie von der einstigen jüdischen Mehrheitsbevölkerung, die 30 000 Menschen umfasste, noch 15 Juden lebend an.

September 1941: Babyn Jar bei Kyjiw

»Sämtliche Juden der Stadt und Umgebung haben sich am Montag, dem 29. September 1941, um 8 Uhr Ecke Melnik- und Dokteriwski-Strasse 31 (an den Friedhöfen) einzufinden. Mitzunehmen sind Dokumente, Geld und Wertsachen, sowie warme Bekleidung, Wäsche.« Mit dieser öffentlichen Bekanntmachung fordern die deutschen Besatzer, die bei der Eroberung der Stadt etwa 750 000 sowjetische Soldaten getötet haben, Jüdinnen und Juden auf, sich am westlichen Stadtrand zu versammeln. Vom Sammelplatz werden sie nicht wie erwartet abtransportiert, sondern in die mehrere Meter tiefe Schlucht Babyn Jar getrieben. Sie müssen sich gruppenweise ausziehen und mit dem Gesicht zum Boden hinlegen. Per Genickschuss werden sie ermordet und mit Sand und Geröll bedeckt, bevor die nächste Gruppe an der Reihe ist. In der größten Erschießungsaktion der Schoah sterben mehr als 33 000 Menschen in nur zwei Tagen. Kyjiw wird zum Zentrum des Holocaust durch Kugeln. Juden, die dem Aufruf nicht gefolgt sind, werden in Ghettos zusammengetrieben und später mit Kriegsgefangenen und Roma umgebracht. Beteiligt an den Pogromen sind ukrainische Polizisten im Dienst der Deutschen. In der fast 26-monatigen Zeit der Besatzung werden Schätzungen zufolge bis zu 10 000 Einwohner in Kyjiw verhungern.

Oktober 1941: Blutsonntag von Stanislau

Auf dem alten jüdischen Friedhof der westukrainischen Stadt Stanislau (heute Iwano-Frankiwsk) werden am Abend des 11. Oktober mehrere Gruben ausgehoben. Einige Dutzend SS-Soldaten, Polizisten und ukrainische Milizionäre zwingen am folgenden Tag mindestens 6000 Juden, sich nach und nach am Rand dieser Gruben aufzustellen. Sie werden abgeknallt und in den Gruben verscharrt.

Oktober 1941: Massaker von Odesa

Nach zweieinhalb monatiger Belagerung haben rumänische Truppen, verstärkt durch die deutsche Wehrmacht, Odesa eingenommen. In der Nacht auf den 23. Oktober sperren sie am Rand der Hafenstadt mehr als 25 000 Menschen in neun leerstehende Munitionslager ein, darunter sind 3000 Kriegsgefangene und viele jüdische Zivilisten. Die Dächer werden mit Benzin übergossen und angezündet.

Dezember 1941: Simferopol-Massaker

Auf der Krym-Halbinsel fahren Deutsche am 9. Dezember mindestens 14 000 Menschen, vor allem Juden, in Lkws zu einem noch von der Roten Armee ausgehobenen Panzergraben, etwa elf Kilometer außerhalb der Stadt. Dort müssen sie die Schuhe ausziehen, ihre Oberbekleidung ablegen und weitergehen – bis Erschießungskommandos das Feuer eröffnen. Ein jüdisches Arbeitskommando muss im Graben stehend die Leichen stapeln. Zu den Opfern zählen auch Krymtschaken und Roma, die laut NS-Rassentheorie ebenfalls ausgelöscht werden sollen.

Dezember 1941: Drobyzkyj Jar bei Charkiw

Am 14. Dezember beordert Stadtkommandant Alfred von Puttkamer die jüdische Bevölkerung zum Rand der Stadt in eine ehemalige Traktorenfabrik. Von dem Ghetto werden täglich 250 bis 300 Menschen zur Schlucht von Drobyzkyj Jar getrieben und erschossen. Vorwiegend jüdische Frauen und Kinder werden in der Erschießungsfabrik auch durch einen Gaswagen getötet. Etwa 16 000 Menschen verlieren in Charkiw ihr Leben.

Im ukrainischen Holocaust durch Kugeln, der einer der Hauptschauplätze dieses Krieges ist, sterben 1,5 Millionen Menschen. Die Gesamtzahl der getöteten Ukrainer und Ukrainerinnen im Zweiten Weltkrieg wird auf mehr als acht Millionen geschätzt. Die Massenvernichtungen der Nazis beenden das seit dem Mittelalter existierende jüdische Leben in der Ukraine beinahe komplett. Eine Kultur, die über Jahrhunderte zur ukrainischen Gesellschaft gehörte, wird in Pogromen und Ghettos fast ausgelöscht.

Viele Ukrainer lassen sich freiwillig – meist in der Hoffnung auf eigene Vorteile – für Hitlers Barbarei einspannen. Die breite Bevölkerung kollaboriert jedoch nicht mit den NS-Soldaten. (Mehr als 2600 Ukrainer werden später sogar durch Israel geehrt, da sie ihr Leben zur Rettung von Juden riskiert haben.) Die meisten Bürger versuchen selbst zu überleben, oft vergebens. Deutsche Kriegsgefangenschaft bedeutet für viele häufig den Tod. 2,5 Millionen Männer und Frauen werden zur Zwangsarbeit ins Deutsche Reich geschickt. Besonders hart trifft der Krieg Städte, die zuvor im Holodomor gelitten haben und achtzig Jahre später im Zentrum des Putin'schen Angriffskrieges liegen werden. Charkiw wird in den 1940er Jahren beispielsweise zweimal von den Nazis und zweimal von Stalins Roter Armee belagert und eingenommen. Im Mai 1942 verhungern dort täglich vierzig Menschen, 14000 Einwohner sterben allein in diesem einen Jahr durch die fehlende Versorgung.

Zur Aufzählung der Verbrechen gegen die Menschlichkeit gehört auch das Massaker in Wolhynien. Während Stepan Bandera noch in deutscher Haft sitzt und Hitlers Armee es nicht schafft, Stalingrad (heute Wolgograd) einzunehmen, nutzt der militärische Flügel der OUN, die Ukrainische Aufständische Armee UPA, die Zeit des Chaos zu pogromartigen Massenmorden. Von Winter bis Sommer 1943 reiten ukrainische Milizen in der Region nördlich von Lwiw mit Äxten und Spießen von einem polnischen Dorf zum nächsten. Meist greifen sie nachts oder im Morgengrauen an. Sie köpfen Frauen, erschlagen Kinder, stechen alte Menschen nieder und verbrennen Häuser oder ganze Höfe. Höhepunkt ist der 11. Juli 1943, an dem Dutzende Dörfer angegriffen und zerstört werden. In den Gemetzeln sterben etwa 80 000 Polinnen und Polen. Mehr als 10 000 Ukrainer werden bei Vergeltungstaten der polnischen Untergrundarmee getötet.

Im Sommer 1943 wendet sich der Verlauf des Krieges. Die Rote Armee startet im Osten der Sowjetukraine die Rück-eroberung. Mithilfe von Waffen-, Ausrüstungs- sowie Lebensmittellieferungen der USA und anderer westlicher Alliierter werden Dörfer und Städte von den Nazis befreit. Jeder sechste Bewohner der Sowjetukraine zieht auf den Schlachtfeldern Europas für Stalins Armee in den Kampf, jeder zweite davon bis in den Tod. Wohnen vor dem Krieg 42 Millionen Menschen in der Sowjetukraine, werden es danach 14,5 Millionen weniger sein. Etwa ein Drittel der militärischen und zivilen Verluste der Sowjets wird in der Ukraine zu beklagen sein, die zum Massengrab oder *Bloodland* (Timothy Snyder) dieses Krieges wird.

Jene Ukrainer der Roten Armee, die mit der Sowjet-armee Deutschland besiegen, erlösen die Welt und die Ukraine vom Rassenwahn Hitlers. Jene Ukrainer, die im Namen Banderas für die OUN und zeitweise mit NS-Ein-heiten für einen autonomen ukrainischen Staat getötet haben, verlieren ihren Kampf um Eigenständigkeit. In der ukrainischen Nationsbildung übernehmen beide Seiten, ähnlich wie Chmelnyckyjs Kosakenarmee, eine Funktion. Auf den Schlachtfeldern des Zweiten Weltkrieges sind die Ukrainer Täter und Opfer zugleich.

Dies gilt auch für Stepan Bandera persönlich, der nach seiner Freilassung aus dem KZ Sachsenhausen und dem Kriegsende unter dem Tarnnamen Stefan Popel nach Bayern zieht. Die Ukraine betritt er nicht mehr, wird aber im deutschen Exil zum Vorsitzenden des Auslandszentrums der OUN gewählt, was dem Sowjetregime noch Jahre nach Kriegsende Probleme bereitet (siehe Kapitel 10). Auch deshalb beobachtet der ebenfalls aus der Westukraine stammende sowjetische KGB-Agent Bogdan Staschinski Bandera 1959 ein halbes Jahr lang in München. Als der mittlerweile fünfzigjährige Bandera am 15. Oktober mit Einkaufstüten in der Hand seine Haustür öffnet, wartet Staschinski im Hausflur auf ihn. Bandera betritt sein Haus, der Agent zieht eine Spezialpistole und drückt ab. Ampullen mit Gift auf Blausäurebasis werden durch den Kolben der Waffe zerdrückt. Im Nebel aus giftigem Gas verengen sich Banderas Blutgefäße, seine Atmung stoppt, er fällt zu Boden und stirbt. »In tiefer Trauer geben wir bekannt, dass der Leiter des nationalen Freiheitskampfes des ukrainischen Volkes und Vorstandsvorsitzender der Organisation der ukrainischen Nationalisten Stepan Bandera am 15. Oktober 1959 den Heldentod von bolschewistischer Hand starb«, heißt es in einer Anzeige der *Süddeutschen Zeitung*[45] nach dem Attentat.

10. Vom vergessenen Massaker bis zur Seelenbrecherzelle: Das Scheitern des Homo sovieticus

Korjukiwka, eine Siedlung in der nördlich von Kyjiw gelegenen Region Tschernihiw am 26. Februar 1943: In einer Kaserne halten SS-Soldaten zusammen mit ungarischen Feldjägern Dutzende Zivilisten gefangen. Unter ihnen sind auch die Frau und Söhne des sowjetischen Partisanenkommandeurs Theodosius Stupak. Als er erfährt, dass die Nazis seine Frau erschossen haben, befürchtet er auch für seine Kinder das Schlimmste. In der Nacht zum 27. Februar macht er sich mit seinen Kämpfern auf den Weg. Sie greifen die Besatzer am Bahnhof Korjukiwka an, zerstören eine Telefonstation, ein Kraftstofflager, mehrere Eisenbahnwaggons, ziehen weiter ins Zentrum und stürmen die Kaserne. Stupak stirbt im Maschinengewehrfeuer, aber alle 97 Gefangenen, darunter seine Söhne, können in die Wälder fliehen, wo die Partisanen ihre Lager aufgeschlagen haben.

Zwei Tage später reagieren die Nazis mit der größten »Bestrafungsaktion« des Krieges gegen eine nicht-jüdische Bevölkerung. Sie umstellen Korjukiwka, durchsuchen Haus für Haus, treiben die Menschen Richtung Zentrum ins Schulgebäude, ins Theater, in den Kirchhof und in den Saal des Restaurants. Nach und nach töten sie die Bewohner wie Ungeziefer. Die meisten werden erschossen, viele im Ofen der Ziegelfabrik oder in ihren eigenen Häusern verbrannt. Die Rauchwolke über Korjukiwka steigt laut Zeugen so hoch, dass sie noch in Dörfern zu sehen ist, die mehr als zehn Kilometer weit entfernt liegen. Nach zwei Tagen des Mordens ziehen die Nazis ab und hinterlassen einen von Knochen, Blut und Asche bedeckten Ort. Allmählich kehren Einwohner, die vor dem Massaker flüchten konnten, nach Korjukiwka zurück. Sie suchen in den Ruinen ihre Angehörigen oder deren Überreste. Doch am 9. März kommen auch die ungarischen und deutschen Soldaten noch einmal zurück. Sie wollen auch diese unschuldigen Einwohner umbringen. Insgesamt richten sie 6700 Menschen hin, von denen lediglich 1893 später identifiziert werden können. Fast alle sind Ukrainerinnen, 1097 Frauen und 704 Kinder.

Das Massaker von Korjukiwka ist nach dem Holocaust europaweit das zahlenmäßig blutigste der Nazis an Zivilisten. An vergleichbare Massenhinrichtungen im französischen Oradour (642 Opfer), im tschechischen Dorf Lidice (173 Opfer) oder im belarussischen Dorf Chatyn (152 Opfer) wird nach dem Krieg in Büchern, Filmen, Theaterstücken erinnert, doch der Massenmord von Korjukiwka ist bis heute unbekannt oder lange vergessen – besonders in Westeuropa. Auch in Stalins Nachkriegspropaganda spielt der Ort keine Rolle. Ukrainische Historiker vermuten sogar, dass das Blutbad vermeidbar gewesen wäre, wenn die mehr als 5500 sowjetischen Partisanenkämpfer, die in den Wäldern um Korjukiwka stationiert waren, eingegriffen hätten. Stattdessen warteten sie ab und befreiten Korjukiwka von den zahlenmäßig unterlegenen etwa 500 Nazis erst zehn Tage nach dem Massaker.

»Es gab keinen Befehl vom Hauptquartier. Also saßen

wir einfach da und sahen zu«, sagt ein sowjetischer Soldat nach dem Krieg. »Es diente der bolschewistischen Sache vollkommen, die Deutschen so viele Gräueltaten wie möglich begehen zu lassen«, vermutet der ukrainische Historiker Serhiy Butko. Er meint, Stalin wollte der ukrainischen Bevölkerung beweisen, dass die Verbrechen der Nazis viel schlimmer als der Holodomor und der stalinistische Terror der 1930er Jahre seien. Dazu passt, was Nikita Chruschtschow, der nach dem Krieg als Parteichef der Ukrainischen Sowjetrepublik für den Wiederaufbau des Landes zuständig ist, berichtet. Demnach will Stalin die Ukrainer nach dem Sieg über Hitler eigentlich wie die Krimtataren und Kaukasier als Nazi-Kollaborateure bestrafen. Sie entgehen diesem Schicksal nur deshalb, weil sie, laut Stalin, zu viele sind, um sie alle einfach irgendwohin zu deportieren.[46]

Tatsächlich startet nach der Rückkehr der Sowjets in der Ukrainischen SSR oder dem, was davon noch übrig ist, eine neue Säuberungswelle gegen den »bürgerlichen ukrainischen Nationalismus«, wie es im Zentralkomitee der Kommunistischen Partei heißt. Die Zwangsmaßnahmen sind nicht so umfangreich wie der Terror in den 1930er Jahren, aber etwa elftausend ukrainische oder jüdische Intellektuelle, unter ihnen Historiker, Musiker, Wissenschaftler und Schriftsteller, werden verhaftet, verbannt oder erschossen. Die Bewohner der Krym-Halbinsel trifft es heftiger. Von ihnen werden bis zu 200 000, hauptsächlich Krymtataren, aber auch Griechen, Krymbulgaren, Krymarmenier und Krymitaliener durch die NKWD-Truppen des Sowjetischen Innenministeriums in Viehwaggons nach Zentralasien verschleppt. Nach Krieg und Massenverbannung existiert fast die Hälfte des krymtatarischen Volkes nicht mehr. Mit Abschluss der Deportationen im Sommer 1945 wird ihre Halbinsel, die bislang den Status einer autonomen Sowjetrepublik hatte, ein Teil der russischen SFSR. Neun Jahre danach wird die Krym 1954 anlässlich der Feiern des 300. Jubiläums des Vertrags von Perejaslaw (siehe Kapitel 4) per Erlass des Politbüros zu einem Teil der Sowjetukraine erklärt. Der im ukrainischen Donbas aufgewachsene Chruschtschow, der 1953 Stalin als mächtigsten Mann der Sowjetunion beerbt hat, steckt hinter der Idee. Es bestehe zwischen Ukraine und Krym eine wirtschaftliche Abhängigkeit, eine territoriale Nähe und eine kulturelle Verbindung, lautet die Begründung.[47] Wo einst die Nachfahren des muslimischen Turkvolkes der Krymtataren und viele verschiedene Ethnien gemeinsam lebten, soll sich nun der neue Sowjet-Mensch, der Homo sovieticus ansiedeln.

Mit der Krym, mit Ost-Galizien samt Wolhynien, mit der von der Tschechoslowakei abgetretenen Karpaten-ukraine sowie mit der von Rumänien annektierten Nord-bukowina samt Südbessarabien umfasst die Sowjetukraine nach dem Krieg erstmals alle mehrheitlich von Ukrainern bewohnten Gebiete (siehe Karte Seite 216). Obwohl ihre Unabhängigkeit innerhalb der Sowjetunion eine theoretische ist, gehören die ukrainische wie die belarussische Sowjetrepublik 1945 sogar zu den Gründungsmitgliedern der Vereinten Nationen. Praktisch liegt das Land wie kaum eine andere europäische Region in Weltkriegstrümmern. Auf jedes kriegsverwüstete Dorf in Frankreich kommen 250 in der Ukraine.[48] In vielen ukrainischen Familien fehlen zudem die Männer. Das Verhältnis zwischen ihnen und Frauen im Alter von 18 bis 25 Jahren beträgt eins zu drei. Vor allem die häufig traumatisierten Frauen sind es, die den Wiederaufbau stemmen müssen. Die gesellschaftliche Grundeinstellung ist dabei in den Landesteilen unterschiedlich. Während in der Ost- und Zentralukraine viele die Rückkehr der Sowjets akzeptieren, wird diese in der Westukraine als neue Zwangsunterwerfung empfunden. Der militärische Arm von Stepan Banderas Organisation Ukrainischer Nationalisten (OUN) setzt seinen Freiheitskampf gegen die Bolschewisten auch nach Kriegsende fort. Mehr als zehntausend Mann haben sich den Partisanenkämpfern der Ukrainischen Aufstandsarmee (UPA) angeschlossen. Sie sabotieren sowjetische Organisationen und töten Hunderte Parteifunktionäre. Einige Waldgebiete in den Karpaten und in Galizien bleiben noch mehrere Jahre nach Kriegsende unter ihrer Kontrolle. Die Sowjetpolizei reagiert mit Vergeltungsmaßnahmen – auch gegen normale Bürger, die die UPA unterstützen oder denen eine Unterstützung unterstellt wird. 1946 wird die ukrainische griechisch-katholische Kirche quasi abgeschafft und in die orthodoxe russische Kirche überführt.

Die Situation entspannt sich erst nachdem 1950 der UPA-Offizier Roman Schuchewytsch (der in Galizien bis heute ähnlich umstritten gefeiert wird wie Stepan Bandera) durch sowjetische Spezialeinheiten hingerichtet wird und Stalin 1953 nach einem nächtlichen Trinkgelage einen tödlichen Schlaganfall erleidet. Unter Chruschtschow beginnt die so genannte »Tauwetter-Periode«. Bestärkt durch erste wirtschaftliche Erfolge in der technologisch modernsten Republik der UdSSR (1950 baut Sergei

Lebedew in einem Kloster vor Kyjiw die erste elektroni-sche Rechenmaschine Europas) möchte Chruschtschow Stalins personenzentrierte Politik der Machtvertikale nicht fortführen. Russischen Nationalismus, der neben dem Stalinkult vorherrscht, will er mit Sowjet-Ideologie ersetzen. Und für diese neue sowjetische Vision braucht er eine Ukraine, die die Rolle des kleineren Bruders Russ-lands annimmt. Die Übergabe der Krym wirkt daher zu-sammen mit der teilweisen Entstalinisierung und der Er-öffnung eines ukrainischen Hochschulministeriums wie ein Mittel zu diesem Zweck.

Die relativ kurze Zeit der leichten Liberalisierung endet spätestens in den 1970er Jahren, als unter Leonid Bresch-new, dem neuen Parteiführer der KPdSU, und Wladimir Schtscherbitzki, dem neuen Ersten Parteisekretär der Ukraine, Russifizierung und Repressionen zurückkehren. Sprache, Kirche, Geschichte: Alles soll nun getreu dem Konzept einer »neuen historischen Gemeinschaft – eines einheitlichen sowjetischen Volkes«[49] verschmelzen. In allen Klassenstufen wird Russischunterricht begünstigt, Ukrainisch dagegen selbst in Kindergärten verdrängt. Bei jedweder Parteiarbeit und auf allen Parteikongressen muss russisch gesprochen werden. Das wieder als Bauernspra-che entwertete Ukrainisch wird auch in Wissenschaft und Wirtschaft wieder verboten. Russisch wird so bis ins nächste Jahrhundert hinein vor allem in der Zentral- und Ostukraine zur offiziellen Schrift- und Behörden-sprache, Ukrainisch dagegen ins Private verdrängt. Auch Zeitungen, Zeitschriften, Bücher sowie Radio- und TV-Berichte werden durch die Partei zensiert. Erschienen An-fang der 1970er Jahre noch 46 Prozent aller Zeitschriften auf Ukrainisch, sinkt ihr Anteil bis zum Ende des Jahrzehnts auf zehn Prozent.[50]

Trotz eingeschränkter Presse bekommen die Ukrainer mit, wie die tschechoslowakische Kommunistische Partei im Prager Frühling 1968 einen Sozialismus mit »menschlichem Antlitz« erschaffen will. Sie erfahren auch, dass als Antwort auf diesen Reformversuch in der ersten großen europäischen Militäroperation seit 1945 sowjetische Panzer alle wichtigen Orte des westlichen Nachbarlandes der Ukraine besetzen. »Die Gefahr für die sozialistische Ordnung in der Tschechoslowakei ist gleichzeitig auch eine Gefahr für die Grundfesten des europäischen Friedens«, heißt es in einer von Moskau freigegebenen Meldung der Nachrichtenagentur TASS.[51] Und die Warnung kommt an. Auch in der Ukraine verlieren danach etwa tausend kritische Intellektuelle ihre Posten. Mitarbeitern der Universitäten in Lwiw und Kyjiw wird gekündigt und der Druck auf Dissidenten erhöht.

Einer dieser Dissidenten ist der am 19. Juli 1946 geborene Mykola Matusewitsch. Der sozialistischen Idee folgend, wonach das kommunistische System ein neues, besseres Sowjetvolk erschaffen wird, müsste sich Matusewitsch zu einem neuen Sowjet-Menschen entwickeln. Macht er aber nicht. Stattdessen gründet er im Alter von dreißig Jahren nach seinem Geschichtsstudium mit neun Gleichgesinnten in Kyjiw die ukrainische Helsinki-Gruppe. Die zehn Männer, von denen einer der Journalist Wjatscheslaw Tschornowil ist, der 1991 bei den Präsidentenwahlen antreten wird (siehe Kapitel 12), beziehen sich auf die im Sommer 1975 veröffentlichte Schlusserklärung oder Schlussakte der Konferenz für Sicherheit und Zusammenarbeit

(KSZE). Sie besagt drei wesentliche Dinge: Die Grenzen in Europa werden nicht verletzt. Kein Staat mischt sich in innere Angelegenheiten anderer Staaten ein. Und alle Teilnehmer, auch die Sowjetunion, verpflichten sich, die Menschenrechte zu achten.

Die Erklärung ist rechtlich nicht bindend. Die sowjetischen Parteiführer haben vermutlich auch nicht vor, ihre Zusicherungen ernst zu nehmen. Doch bald nach der Veröffentlichung gründen Dissidenten überall im Ostblock Helsinki-Gruppen und fordern von den Machthabern, sich an die beschlossenen, unterzeichneten und ratifizierten Selbstverpflichtungen zu halten. Andrej Sacharow wird im Dezember 1975 als Präsident des Internationalen Helsinki-Vereins der Friedensnobelpreis verliehen. Weil die Sowjetunion ihm verbietet, zur Verleihung nach Oslo zu reisen, nimmt seine Frau die Ehrung entgegen.

Ein gutes Jahr später, am 23. April 1977, betreten sowjetische Beamte um fünf Uhr morgens Mykola Matusewitschs Wohnung in Kyjiw. Wegen der Mitgründung der Helsinki-Gruppe, die mittlerweile Memoranden und Beschwerdebriefe veröffentlicht hat, beschuldigen die Beamten ihn der »antisowjetischen Agitation und Propaganda«. In ihren Texten haben Matusewitsch und seine Freunde Belege für Berufsverbote, für die Unterdrückung des Rechts auf Freizügigkeit, der Meinungs- und Religionsfreiheit sowie für unmenschliche Haftbedingungen in Gefängnissen und Straflagern dokumentiert. Um einer Verurteilung zu entgehen, raten ihm die Beamten, sich von diesen Publikationen zu distanzieren. Doch Matusewitsch will nichts davon zurücknehmen. In Abwesenheit verurteilt ihn deshalb ein Gericht zur gesetzlich möglichen Strafe: sieben Jahre

Haft im russischen Perm und anschließend fünf Jahre Exil in Sibirien. Insgesamt zwölf Jahre seines Lebens, von 1977 bis 1989, muss Mykola Matusewitsch in Unfreiheit verbringen.

Fast fünfzehn Jahre nach seiner Freilassung, an einem Mittwoch im Januar 2014, treffe ich Matusewitsch im verschneiten Zentrum Kyjiws, das an diesem Vormittag bereits seit zwei Monaten auch das Zentrum der Euromaidan-Revolution ist (siehe Kapitel 14). Vor den Säulen des Fußballstadions verbrennen auf der Hruschewskyj-Straße Autoreifen zu häuserhohen Rauchwänden, Demonstranten halten den Maidan besetzt und werfen Pflastersteine auf bewaffnete Polizisten, die den Unabhängigkeitsplatz räumen wollen. Der mittlerweile 67-jährige Matusewitsch ist auf einem Schlitten in einen Hinterhof eines Hauses gerutscht, das an die Kampflinie zwischen Demonstranten und Beamten grenzt. Neben ihm stehen vier jüngere Männer. Ein Feuer lodert. Davor sind Bierflaschen neben einem Kanister mit Öl und einem mit Benzin aufgereiht. Schneeflocken fallen auf Matusewitschs Mütze und seinen hellen Kosaken-Schnurrbart. Es ist kalt, vielleicht minus zehn Grad. Matusewitsch sagt, er fühle sich wie ein Salatkopf, wegen seiner vier Hosen. Er stellt eine der Flaschen unter einen der beiden Kanister, gießt Benzin hinein und zeigt den Jüngeren, wie man Molotow-Cocktails baut.

Ich befrage ihn zu seinen Erlebnissen zu Sowjetzeiten:

– *Herr Matusewitsch, haben Sie damals als 30-Jähriger vor dem Urteil mit dieser Strafe gerechnet?*

Wir haben damals öffentlich noch nicht einmal die Frage einer unabhängigen Ukraine gestellt. Es ging uns nur um die Menschenrechte. Aber schon das hat gereicht, um die Sowjetführung zu ängstigen. Einer nach dem anderen – Schriftsteller, Journalisten, Künstler, Patrioten – sind in den Knast gewandert. Wenn du so etwas machst, musst du dir über die Konsequenzen im Klaren sein. Und mir war klar, was für ein Test es sein wird: sieben Jahre Gefängnis, um mehr Freiheit für unser Land zu erreichen. Mein Ziel bestand damals nur in einer Aufgabe – mich nicht einschüchtern zu lassen.

– *Was können Sie über die Zeit in Haft sagen?*

Ich habe überlebt, also war es okay.

– *Das heißt?*

Die Beamten wollten, dass ich meine Worte zurücknehme. Meine Mutter hatte nach vier Jahren sogar darum gebeten, man möge mich wegen guter Führung vorzeitig entlassen. Wenn ich mich öffentlich im Sinne der Sowjetunion geäußert hätte, wäre ich drei Jahre früher aus dem Gefängnis gekommen. Da habe ich doch lieber weiter von richtigem Brot geträumt. Es gab jeden Tag drei Scheiben, immer zur gleichen Zeit eine. Aber das war kein richtiges Brot. Die Suppe, die wir dazu zum Essen bekamen, konnte man nur zum Waschen nehmen. Die Zelle war eigentlich für zwei bis drei Insassen ausgelegt, wir waren jedoch immer zehn bis vierzehn Leute da drin. Ich konnte in all den Jahren kein Glas Wein trinken, hatte keinen Sex und kein richtiges Brot zu essen, aber bereut habe ich diese Zeit nie. Ich würde es wieder machen. Denn wenn du möchtest, dass Dein Land irgendwann frei ist, musst du dafür etwas tun.

– *Was war für Sie das Schlimmste in den zwölf Jahren?*

180 Tage haben sie mich in die so genannte Seelenbrecherzelle gesperrt: 1,50 Meter breit, 1,50 Meter tief, zwei

Meter hoch. Das war ein Raum, der zu klein war, um sich hinzulegen. Einige nannten die Seelenbrecherzelle auch Todesloch.

– Welch typische Erinnerungen haben Sie an die Sowjetzeit?

Die Kommunisten haben Millionen im Holodomor getötet, unsere kulturelle sowie gesellschaftliche Elite erschossen und die übrigen Menschen gezwungen, ein Doppelleben zu führen. Man musste von Geburt an lügen. Sagen sollte man, dass es keinen besseren Ort auf der Erde zum Leben gibt, nicht erwähnen durfte man dagegen die leeren Supermarktregale und die fehlende Redefreiheit. Alles, was eine ukrainische Identität ausmacht, musste geleugnet werden. Ich werde nie vergessen, wer uns das angetan hat.

– Was bedeutet Freiheit für Sie?

Dass es über dir außer Gott keinen Führer gibt.

11. Super-GAU in Tschernobyl:
Der Preis von zu vielen Lügen ist das
Verschwinden der Realität

Am Samstag, dem 26. April 1986 beginnt im nordukrainischen sowjetischen Vorzeigeort Pripjat eine Hochzeitsfeier. Die Gäste freuen sich über das sonnige Frühlingswetter und wundern sich über Arbeiter, die um die Mittagszeit die Straßen der Stadt mit Seifenlauge spülen. Es ist die Tochter des Betriebsleiters des gut drei Kilometer entfernten Kraftwerks, die an diesem Tag heiraten möchte. Kein Kollege ihres Vaters und keine Behörde hat sie oder ihn darüber informiert, was in der Nacht vor der Hochzeit um 1:23 Uhr im Reaktor-Block 4 bei einem Test geschehen ist: der größte anzunehmende Unfall (GAU) des Atomzeitalters – eine Kernschmelze, die innerhalb von zehn Tagen mehrere Trillionen Becquerel radioaktive Strahlung von Tschernobyl aus in die Atmosphäre freisetzen wird.

Bei einem Test, der einen Stromausfall simulieren und die Selbstversorgung des Kraftwerkes mit Strom beweisen sollte, war es zu Problemen und anschließend zu keiner Notabschaltung des Reaktors gekommen. Bereits am Abend der Hochzeitsfeier berichten westdeutsche Medien über den GAU, weil Schweden und Finnen bei sich erhöhte Radioaktivität in der Luft nachgewiesen haben. Eine radioaktive Wolke ist aus dem Osten nach Westeuropa und Skandinavien geweht worden. Die Sowjetregierung reagiert mit einer Informationssperre und wird der Bevölkerung erst Mitte Mai die Geschehnisse und das gesamte Ausmaß der Katastrophe erklären.

Liquidatoren werden jene 600 000 Helfer genannt, die unmittelbar nach dem Unfall nach Tschernobyl und Pripjat geschickt werden. Sie und weitere Helfer sollen den Reaktor versiegeln, Menschen evakuieren und Teile des 2600 Quadratkilometer großen kontaminierten Gebiets räumen. Angemessene Schutzkleidung gegen die den Behörden bekannte Radioaktivität tragen die wenigsten von ihnen. Feuerwehrmänner, Krankenschwestern, Bergarbeiter, Physiker, Putzkräfte, Ärzte und Hubschrauberpiloten – Tausende (Sowjet-)Menschen aus vielen Berufsgruppen, die den Informationen der UdSSR getraut haben, werden nach ihrer Arbeit als Liquidatoren mit dem Tod oder Invalidität dafür bezahlen. 56 Menschen sterben direkt im Kraftwerk, mindestens 4000 oder bis zu 93 000 weitere später (die offizielle Zählung durch die Sowjetunion stoppt nach dem 31. Opfer). Direkte politische Konsequenzen gibt es nicht. Hohe Parteifunktionäre übernehmen keine Verantwortung für die Tragödie, obwohl beispielsweise der zuständige Minister noch kurz vor der Katastrophe in einem Interview gesagt hatte, es könne nur einmal in 10 000 Jahren vorkommen, dass ein Reaktor schmilzt. Noch drei Monate vor dem Desaster hatte die Parteizeitung *Prawda* (Wahrheit) geschrieben, in Tschernobyl würden »erfahrene Spezialisten« arbeiten, die ihre Sache »gut kennen«.[52] Tatsächlich war der Unglücksreaktor fehlerhaft errichtet worden und die Betriebsmannschaften am Ende der Befehlskette waren über die Mängel nicht einmal informiert gewesen.

In einem System, in dem allen alles gehört, übernimmt

niemand mehr Verantwortung. Der Preis von zu vielen Lügen ist das Verschwinden der Realitätswahrnehmung, die man für den Betrieb eines Kraftwerkes und eines Staates braucht. Es wäre übertrieben, den Untergang des Sowjetreiches an einem Ereignis festzumachen. Zwischen dem Holodomor (1930er), Juri Gagarin, dem ersten Menschen im Weltall (1961), der Kubakrise im Kalten Krieg (1962), der Invasion in Afghanistan (1979) und der Katastrophe von Tschernobyl (1986) liegen Jahrzehnte voller Schaffenskraft, Hoffnung, Zerfall, Skandale und Enttäuschung. Symbolisch für das Auseinanderbrechen der Sowjetunion und das Scheitern des Homo sovieticus steht das Unglück von Tschernobyl jedoch allemal. Michail Gorbatschow, der damalige Präsident wird 20 Jahre nach der Katastrophe eingestehen: »Der Reaktorunfall in Tschernobyl war vielleicht die wirkliche Ursache für den Zusammenbruch der Sowjetunion (...) Das System, wie wir es kannten, konnte nicht mehr weiterexistieren.«[53]

Bezeichnend ist, dass die Katastrophe ausgerechnet in der Ukrainischen SSR geschieht. Die Ukraine, neben der russischen die wichtigste Republik der UdSSR, hat der Sowjetunion zwar wirtschaftliche Modernisierung, einen besseren Lebensstandard und nach dem Krieg eine relativ lange Zeit der Stabilität zu verdanken, jedoch auch nationale Marginalisierung, Unterdrückung, Leid und Tod. Lebten 1926 noch 80 Prozent ethnische Ukrainerinnen und Ukrainer in der Ukrainischen SSR, sind es 1989 trotz Eingliederung der Gebiete im Westen des Landes nur noch 73 Prozent. Gleichzeitig erhöht sich der Anteil der Russen an der Bevölkerung in dieser Zeit auf mehr als das Doppelte (er steigt von 9 auf 22 Prozent).[54] Die sowjetische

Politik der Russifizierung lässt Ukrainer die russische Nationalität annehmen oder in russische Städte abwandern.

Als Teil der Sowjetunion ist die Ukraine nie wirklich eigenständig. Kein Flugzeug darf aus Kyjiw direkt Richtung Ausland abheben. Alle Wege führen über Moskau, wo weder 1943 nach dem Massaker von Korjukiwka, noch 1986 nach der Tragödie von Tschernobyl den Ukrainern erlaubt wird, ihre eigene Geschichte zu schreiben. Trotz dieser Unterdrückung wird es nicht mehr lange dauern, bis sich die Befürworter von mehr Freiheit wieder zu Wort melden. Mykola Matusewitsch kehrt 1989 aus seinem Exil in Sibirien zurück, Wjatscheslaw Tschornowil, sein Freund von der Helsinki-Gruppe, bereits ein Jahr zuvor. Beide haben nicht vor, sich zur Ruhe zu setzen.

12. Abhängigkeit trotz Unabhängigkeit: Das belastende Erbe des Sowjetimperiums

Wie turbulent das letzte Jahrzehnt des 20. Jahrhunderts wird, deutet die zweite Hälfte des Jahres 1989 an: Im Juni gewinnt in Polen das Bürgerkomitee Solidarność die ersten relativ freien Parlamentswahlen seit dem Zweiten Weltkrieg. Im Juli schließen sich mehr als 220 000 Bergarbeiter von der Westukraine über den Donbas bis zum südöstlichsten Ende Russlands zum größten Streik der sowjetischen Geschichte zusammen. Sie fordern mehr Lebensmittel, mehr Lohn, die Eigenverwaltung ihrer Betriebe und die kommunistische Partei aus der Verfassung zu streichen. Im August fassen sich von Tallinn über Riga bis nach Vilnius etwa zwei Millionen Menschen an den Händen und bilden in den baltischen Sowjetrepubliken eine 600 Kilometer lange Kette für die Unabhängigkeit. Im September schließen sich oppositionelle Gruppen in der Ruch, der Volksbewegung der Ukraine für die Perestrojka, zusammen. Sie erinnern an die Wiedervereinigung der Ukrainischen mit der Westukrainischen Volksrepublik im Jahre 1919 und helfen bei der Organisation einer Kette von 750 000 Menschen, die von Kyjiw nach Lwiw Seit an Seit stehen. Im Oktober verlassen erste Priester in Lwiw die Russisch-Orthodoxe Kirche und schließen sich der Ukrainischen Griechisch-Katholischen Kirche an, die nach einem Besuch Michail Gorbatschows im Vatikan wieder gebilligt wird. Im November fällt die Berliner Mauer. Im Dezember wird die Leitfigur des Prager Frühlings, Alexander Dubček, zum Vorsitzenden der Föderalversammlung in der Tschechoslowakei gewählt, und in Rumänien will eine Übergangsregierung die dortige antikommunistische Revolution vollenden.

Gorbatschow, der als Präsident der Sowjetunion die ersten halbwegs freien Wahlen ihrer Geschichte ermöglicht, wird von ihren Auswirkungen überrollt. Seine Reform-Politik der Perestroika wandelt sich von Monat zu Monat in eine wirtschaftliche Katastroika. Am frühen Morgen des 19. Augusts 1991 schaltet er während des Urlaubs auf der Krym das Radio an und hört einen Erlass, der seinen Vize-Präsidenten Gennadi Janajew zum Staatschef der UdSSR macht. Gorbatschow könne aus gesundheitlichen Gründen seine Funktion als Präsident nicht mehr erfüllen, heißt es in den Nachrichten. Der sich gesund fühlende Gorbatschow ist irritiert. Eine Handvoll konservativer Parteifunktionäre und der KGB-Chef haben sich zum »Staatskomitee für den Ausnahmezustand« zusammengetan. Sie wollen Gorbatschows Reformen ein Ende setzen. Doch als Panzer in Moskau und Sankt Petersburg auffahren, gehen die Menschen auf die Straße. Sie bilden Menschenketten, verteilen selbstgebackene Teigtaschen an Soldaten, stecken Blumen in Kanonenrohre der Panzer und errichten Barrikaden. »Jetzt werde ich frei, bekomme meine Rechte, jetzt werde ich nicht mehr regiert, nicht mehr verwaltet, sondern kann auch selbst etwas entscheiden«, denkt der Student Alexej Merkisch während dieser drei Tage im August, in denen sich immer mehr Soldaten mit den Demonstranten solidarisieren und den Putschversuch fast ohne Blutvergießen beenden. Gorbatschow kann als Sowjet-Präsident nach Moskau zurückkehren, doch der neue starke Mann in der Hauptstadt heißt nun Boris Jelzin. Der ebenfalls sechzigjährige Politiker wurde zwei Monate zuvor zum Präsidenten der Russischen Sowjetrepublik gewählt und hatte sich während Gorbatschows Krym-Urlaub vor aller Augen und TV-Kameras den Putschisten entgegengestellt.

Auch ein KGB-Agent, der zuvor von seinem Auslandseinsatz in Dresden nach Sankt Petersburg zurückgekehrt war, hat den gescheiterten Putschversuch genau verfolgt. In der Metropole an der Newa beendet Wladimir Putin offiziell seine Arbeit für den Geheimdienst und schließt sich seinem ehemaligen Professor und zukünftigen politischen Ziehvater Anatoli Sobtschak an. Sobtschak, der es durch die ersten freien Wahlen ins Bürgermeisteramt von Sankt Petersburg geschafft hat, organisiert Putin einen einflussreichen Job in der Stadtverwaltung. In der ukrainischen Unabhängigkeitsbewegung sieht Sobtschak eine »Symbiose aus extremen Nationalisten mit konservativen Parteikadern«. Eine eigene Armee möchte er ihnen nicht erlauben. Sollte die Sowjetunion zerfallen, so Sobtschak, sollten die Grenzen des Jahres 1922 wiederhergestellt und über seitdem akquirierte Territorien neu verhandelt werden.[55] Mit anderen Worten: Eine eigenständige Ukraine in den aktuellen Grenzen ist für ihn keine automatische Option.

Ganz anders sieht das Wjatscheslaw Tschornowil. Der Menschenrechtsaktivist und Freund von Mykola Matusewitsch engagiert sich nach 15 Jahren in Gefängnissen und sibirischen Arbeitslagern, wo er einen 120-tägigen

Hungerstreik überlebt hat, nach seiner Heimkehr weiter für die Unabhängigkeit seines Landes. In Lwiw verkündet er gegen Widerstände vor 50 000 Menschen die Grundsatzerklärung einer neuen ukrainischen Helsinki-Union, die neben der Einhaltung der Menschenrechte auch die Eigenständigkeit der Ukraine fordert. Neben Lewko Lukjanenko (Ukrainische Republikanische Partei) und Jurij Badzio (Demokratische Partei der Ukraine) entwickelt er sich zu einem der Anführer der antikommunistischen Opposition, zu einem Präsidentschaftskandidaten und zu einem wichtigen Kopf der Ruch. Die Vereinigung der oppositionellen Gruppen tritt im März 1990 – obwohl es bürokratische Hürden bei der Registrierung gibt – zu den ersten halbfreien Parlamentswahlen des Obersten Sowjets der Ukraine an. Sie gewinnt 26 Prozent der Stimmen und 117 von 450 Mandaten. Erstmals sitzt im Parlament eine Opposition, was sofort zu einer Belebung führt. Die Sitzungen der Abgeordneten finden nun nicht mehr zwei Mal pro Jahr, sondern alle zwei Wochen statt. Geeint in der Ablehnung des sowjetischen Zentralismus schließen sich auch nationalkommunistische Abgeordnete den Zielen der Ruch an. Außerparlamentarisch kommt es Ende September 1990 erstmals auf dem Maidan in Kyjiw zu einer von jungen Leuten dominierten Protestaktion, die als Revolution auf Granit in die Geschichte eingehen wird. Gemeinsam mit Ruch und anderen Reform-Organisationen fordern Studenten Neuwahlen, den Militärdienst von Ukrainern auf das Gebiet der Ukraine zu beschränken, keine Unterzeichnung eines neuen Unionvertrages mit der Sowjetunion und die Ablösung Witalij Massols, des Regierungschefs der Ukrainischen SSR. Etwa 120 Studenten treten für ihr Anliegen im Zentrum der Stadt sogar in den Hungerstreik. 23 Tage später wird Massol abgesetzt. Die Entwicklung ist nicht mehr aufzuhalten.

Drei Tage nach dem gescheiterten Augustputsch in Moskau und Sankt Petersburg lösen die ukrainischen Abgeordneten formal die Kommunistische Partei in der Ukraine auf, beschließen Gesetze für eigene ukrainische Streitkräfte und proklamieren »in Fortsetzung der ein Jahrtausend alten Tradition der Staatsbildung [...] feierlich die Unabhängigkeit der Ukraine und die Schaffung eines unabhängigen Staates Ukraine«. In der Erklärung vom 24. August 1991 heißt es weiter: »Das Territorium der Ukraine ist unteilbar und unantastbar. Von heute an gelten auf dem Territorium der Ukraine ausschließlich Verfassung und Gesetze der Ukraine.«[56]

Im Anschluss bereitet sich das Land auf eine historische Premiere vor: Die Ukrainerinnen und Ukrainer wollen friedlich, nicht mit einem Gewehr oder Schwert, sondern mit einem Stift in der Hand in Hunderten im Land verteilten Wahlkabinen über die Unabhängigkeitserklärung des Parlaments und ihren neuen Präsidenten abstimmen. Will man die Geschichte einer Nation auf einige Tage verkürzen, so muss für die Ukraine dieser sonntägliche 1. Dezember 1991 dazuzählen. Jahrhundertelang von Zaren oder Partei-Sekretären im fernen Moskau oder von polnischen, litauischen oder österreichischen Adligen regiert, strebt das Land nun erneut und wohl endgültig zur Selbständigkeit. »Schicksalswahl« heißt es auf Wahlplakaten in Kyjiw.

Doch die Doppel-Entscheidung ist weder eine zweifelsfrei faire Wahl, noch bedeutet das Ergebnis einen so eindeutigen Wandel, wie es auf den ersten Blick erscheint. Einerseits endet das Referendum deutlich: 90,3 Prozent der Bevölkerung (bei einer Wahlbeteiligung von 84,2 Prozent) unterstützen in allen Landesteilen die Unabhängigkeitserklärung (obwohl nur 73 Prozent der Gesamtbevölkerung ethnische Ukrainer sind). Ternopil im Westen erreicht mit 98,7 Prozent die höchste Zustimmung, die Krym mit 54,2 Prozent die geringste.[57] Alle Gesellschaftsgruppen – bereits lange überzeugte Nationalisten aus dem Westen, russischsprachige Bergarbeiter aus dem Osten und Süden sowie ehemalige kommunistische Parteifunktionäre – vereinen sich im Ziel der Nationalstaatlichkeit.

Andererseits gewinnt Leonid Krawtschuk die Präsidentschaftswahlen, ein Mann, der zuvor 30 Jahre lang als Apparatschik der kommunistischen Partei gedient hat, der Abteilungsleiter für Agitation und Propaganda sowie ZK-Sekretär für Ideologie gewesen ist und erst nach dem Scheitern des Augustputsches aus der Partei ausgetreten ist. In den Monaten vor der Wahl hatte Krawtschuk seine politische Grundüberzeugung vom Kommunisten zum Anti-Kommunisten fast schneller gewechselt als der Wind seine Richtung. Dafür wusste er im Wahlkampf als Staatsoberhaupt (in seiner Funktion als amtierender Parlamentsvorsitzender) alte Partei-Strukturen für sich zu nutzen. Während dem Zweitplatzierten Tschornowil die Teilnahme an im Fernsehen übertragenen Wahlveranstaltungen untersagt wurde, Tschornowil in den Staatsmedien als gefährlicher Extremist beschrieben wurde, der die Renten abschaffen will, konnte Krawtschuk auf die Unterstützung der ehemaligen sowjetischen Propaganda-Abteilungen setzen. Spannend wäre eine faire Stichwahl zwischen dem ehemaligen Parteifunktionär Krawtschuk und dem ehemaligen Dissidenten Tschornowil gewesen, doch da Krawtschuk bereits im ersten Wahlgang 61,6 Prozent holt, kommt es dazu nicht. Tschornowil gewinnt lediglich in drei Regionen rund um Lwiw eine Mehrheit. Landesweit erreicht er 23,3 Prozent.

Als Ewgenia Pateitschuk eine Woche nach der Wahl in der Ukraine sehr früh am Morgen geweckt wird, ist sie noch müde. Weil ein Beamter meint, es sei eilig und wichtig, verlässt sie ihr Haus im belarussischen Wiskuli ungekämmt.[58] Schnell holt sie ihre Schreibmaschine aus dem Büro des Nationalparks und steckt sich einige Blätter Papier ein. Pateitschuk arbeitet normalerweise als Sekretärin des Nationalparkdirektors in der Belowescher Heide, einem der heute letzten Urwälder Europas. Polnische Könige, russische Zaren, ein deutscher Führer und sozialistische Diktatoren hat es in der Geschichte in diese von Wölfen und Bisons bewohnte Naturlandschaft am westlichen Rand der Sowjetunion gezogen. Vom geheimnisvollen Treffen, das vergangene Nacht in der weißen Villa mitten im Wald stattfand, hatte Pateitschuk allerdings keine Ahnung. Ihr ganzes Leben hat sie in der UdSSR verbracht. Anfangs versteht sie deshalb nicht, was die handschriftlichen Aufzeichnungen bedeuten, die sie nun abtippen soll. »Die Sowjetunion als Subjekt internationalen Rechts und geopolitischer Realität hat aufgehört zu existieren«, lautet einer der Sätze.

Boris Jelzin hatte den mächtigsten Belarussen Stanislaw Schuschkewitsch und den neuen ukrainischen Präsidenten Krawtschuk samt ihren Beratern zu dem relativ spontanen Treffen nach Belarus eingeladen. Jelzin, der mit

Gorbatschow um die Macht in Moskau kämpft, ist es auch gewesen, der beim üppigen Abendessen sein Glas erhoben hat, um Krawtschuk von einer neuen Verfassung für die Sowjetunion zu überzeugen. Denn eigentlich hat Jelzin nicht vor, die Ukraine, die mehr als 300 Jahre in einer Union mit Russland existiert hat, aus dem Orbit der russischen Interessen zu verlieren. Doch Krawtschuk, der beim Abendessen Jelzin gegenübergesessen hat, musste Jelzin enttäuschen. Persönlich hat er wohl wenig gegen eine Fortführung der Sowjetunion einzuwenden, weiß aber um die Revolution auf Granit und das Ergebnis des Referendums über die ukrainische Unabhängigkeit.

»Kommen Sie, wir schreiben ein bisschen und trinken ein Schlückchen, wir schreiben ein bisschen, wir trinken ein Schlückchen.« Mit diesem Satz und Jelzins Kompromissangebot, kein Dokument zur Fortführung der Sowjetunion, sondern einen neuen Vertrag aufzusetzen, soll laut Zeugen das Eis in der Nacht zwischen den beiden gebrochen worden sein. Nach einigen Gläsern waren die mitgereisten Rechtsexperten beauftragt worden, handschriftlich einen Text zu verfassen. Die Ukrainer waren dann ins Bett und die Russen sowie Belarussen mit Gläsern in die Sauna verschwunden.[59]

Nachdem Ewgenia Pateitschuk am nächsten Tag mit dem Abtippen des Textes fertig ist, wird das Dokument den drei Staatsoberhäuptern mit sowjetischem Schaumwein zum Frühstück serviert. Krawtschuk liest das Abkommen, das mit »Gemeinschaft Demokratischer Staaten« überschrieben ist, streicht das zweite Wort, ersetzt es durch »Unabhängiger« und korrigiert die restlichen vier Seiten. Der bereits wieder ausgenüchterte Jelzin ist trotz der Änderungen zufrieden. Als sich die drei Staatsmänner einig sind, hebt er auf jeden der 14 Artikel des Vertrages erneut das Glas. Mit der Unterzeichnung des Belowescher Abkommens ist die Gemeinschaft Unabhängiger Staaten, kurz GUS, geboren und die Sowjetunion als letztes Imperium des 20. Jahrhunderts politisch beerdigt.

Der Ukraine (als ihr zweitwichtigstes Mitglied) gelingt der Austritt und damit die Auflösung der UdSSR 1991 erstaunlich schnell und gewaltfrei. Das Verschwinden der Sowjetunion aus der Ukraine mitsamt ihren Strukturen, Methoden und Personen wird sich dagegen erst langsam über viele Jahre vollziehen. Der Homo sovieticus, so unbeliebt er zuletzt war, verabschiedet sich nicht von heute auf morgen. In den vergangenen fast sieben Jahrzehnten Parteiherrschaft haben Generationen ein übernationales sowjetisches Bewusstsein entwickelt, das nicht durch ein Treffen von drei Herren im belarussischen Wald verschwindet.

Der Systemwandel von der Plan- zur Marktwirtschaft wird in den 1990er Jahren durch neue Armut, Anarchie und Korruption erschwert. Wo gute Beziehungen lange die beste Währung waren, sollen nun Geld, Gewaltenteilung und Eigentum entscheidend sein. Doch die Demokratie hat es schwer, wenn die Ausgangssituation von starken wirtschaftlichen Unterschieden geprägt ist. Theoretisch sind nun zwar alle Bürger der Ukraine gleichberechtigt in einer parlamentarischen Demokratie vereint, doch in der Praxis wird das, was man noch hat, auf dem Schwarzmarkt gehandelt. Es gewinnt, wer den Egoismus des Kapitalismus und alte Seilschaften am schnellsten verbindet. Besonders hinderlich für einen Neuanfang ähnlich wie in den baltischen Republiken oder Polen: Dem Systemwechsel folgt kein Wechsel der Eliten. Die ehemaligen Parteikader, die sich ihre Positionen gesichert haben, zeigen wenig Reformwillen. Von Krawtschuk, der sich als Präsident auf die Außenpolitik konzentriert, gehen fast keine Transformationsimpulse aus.

Das Bruttoinlandsprodukt fällt von 1991 bis 1994 um fast 15 Prozent, der Lebensstandard sinkt. Und im Schatten der verschleppten Demokratisierung der Institutionen bauen kriminelle Politiker und Geschäftsmänner Banden und inoffizielle Machtstrukturen auf. Während die Bevölkerung Probleme zu bewältigen hat, von deren Existenz sie lange gar nicht wusste, formieren sich in der Grauzone des Systemwechsels Oligarchen, von denen einige weiterhin gute Verbindungen nach Moskau pflegen. Aus der Plan- wird eine Clan-Wirtschaft. Oder wie es der Historiker Karl Schlögel formulieren wird: Keine Revolution kann so radikal sein wie die, in der die Routine des Alltags sich auflöst und sich eine neue erst noch bilden muss.[60]

Dazu kommen politische Spannungen zwischen den neuen Nationalstaaten in Russland und der Ukraine, die eigentlich miteinander kooperieren und ein Partnerschaftsverhältnis aufbauen müssten. Die Abhängigkeit der Ukraine von Russland ist viel stärker als die anderer Staaten Europas. Die meisten der ukrainischen Waren werden ins große östliche Nachbarland exportiert. Bei der Energieversorgung ist die Ukraine zu achtzig Prozent auf Russland angewiesen. Doch nicht nur in der einstigen Hauptstadt der Sowjetunion, Moskau, greift nun ein neuer Nationalismus um sich.

Es ist jetzt vorbei. Und nun eilt zurück zu euren Hütten, um von
Krauts und Polen gevögelt zu werden.

Es hat Spaß gemacht, zusammen mit Euch am gleichen Galgen
gehangen zu haben, aber wenn ihr nun alleine seid, könnt ihr
süße Rote-Bete-Suppe essen.

[...]

Gott ruht nun, ihr beduselten Kosaken, Hetmans und Gulag-
Wächter! Aber beachtet: Wenn ihr an der Reihe seid, auf
Friedhöfe geschleppt zu werden, dann werdet ihr flüstern
und keuchen, auf der Sterbebettmatratze wälzend, nicht
Schewtschenkos Bullshit, sondern Gedichtzeilen von Puschkin.

Mit einer Beleidigung Taras Schewtschenkos, dem Symbol
der ukrainischen Selbstermächtigung, endet *Auf die Unab-*
hängigkeit der Ukraine[61], ein Gedicht von Joseph Brodsky,
in dem er behauptet, Ukrainer und Ukrainerinnen seien ein
»Kürbis-Melonenvolk«, ein Volk des Erdreichs, der Teigtaschen und Stickereien, ein kulturloses »Dreckspack«, das
sich in einer Todsünde von der großen russischen Kultur
abgewendet habe. Das Hass-Gedicht entsteht 1992, fünf
Jahre nachdem der aus der Sowjetunion in die USA ausge-
wanderte Brodsky den Nobelpreis für Literatur bekommen
hat. Es wird von seinem Autor öffentlich vorgetragen und
belegt, wie ein Intellektueller, der einst gegen das Sowjet-
imperium auftrat, sich in einen radikalen russischen Nationalisten verwandelt. Vier Jahre nachdem er seinem Text
über die Ukraine verfasst hat, stirbt Brodsky in New York.
Obwohl er sie nicht veröffentlicht sehen wollte, leben seine
Zeilen weiter. Nach der Annexion der Krym werden sie in
Putins Russland zur Kriegspropaganda benutzt und zum
bedeutendsten Gedicht des Jahres 2014 erklärt.

Der postsowjetische russische Nationalismus hat in den 1990er Jahren weitere Folgen: Den sowjetischen Krym-Erlass von Nikita Chruschtschow, der die Halbinsel zu einem Teil der Ukraine gemacht hat, revidiert das russische Parlament im Mai 1992. Die Duma schreibt sich selbst die Kompetenz einer Nachfolgeinstitution der Sowjetunion zu. Die Duma-Abgeordneten wollen der Ukraine eine Bestandsgarantie in den aktuellen Grenzen nur zusichern, wenn sie in der GUS verbleibt. »Die Ukraine war nie ein Staat, ist keiner und wird nie einer werden«, sagt Wladimir Schirinowski, Chef der stärksten Partei in der Duma, bei einem Besuch auf der Krym. Und auch der Stellvertreter Jelzins, Alexander Ruzkoi, stellt 1992 öffentlich die Frage, warum die Halbinsel samt Badesträngen, Staatsdatschen und Sewastopol überhaupt der Ukraine gehören soll. Streitobjekt ist die auf der Krym stationierte ehemalige sowjetische Schwarzmeerflotte. Nach einer Eskalation, in der das russische Parlament Sewastopol für russisch erklärt, gelingt eine Übereinkunft, die 1997 verschriftlicht wird: Das Militär auf der Krym wird zwischen Russland und der Ukraine aufgeteilt und ein Teil Sewastopols an Russland verpachtet.

Zum belastenden Erbe der Sowjetunion zählen auch die in der Ukraine stationierten Atomwaffen: 176 strategische (die mehr als 5500 Kilometer zurücklegen können) und mehr als 2500 taktische Atomraketen, die das Land zur drittgrößten Atommacht der Welt machen. Die Ukrainer haben den Aufbau dieser Waffen nie angeordnet, sind nun aber – genauso wie für die anteiligen Schulden der UdSSR – für sie verantwortlich. Auch hier kommt es Mitte der 1990er zu einer Vereinbarung. Zusammen mit Belarus und Kasachstan unterzeichnet die Ukraine am 5. Dezember 1994 in Budapest auf der Konferenz für Sicherheit und Zusammenarbeit in Europa (KSZE, heute OSZE) den Atomwaffensperrvertrag. Im Gegenzug verpflichten sich im Budapester Memorandum die anderen Vertragsstaaten, vor allem die USA, Großbritannien und Russland, die Souveränität der drei Länder zu achten. Die völkerrechtliche Übereinkunft schließt die Krym-Halbinsel als Teil der Ukraine mit ein. Im zweiten Punkt des Memorandums verpflichten sich Russland, Großbritannien und die USA, »keine ihrer Waffen jemals« gegen die Ukraine einzusetzen, außer »zur Selbstverteidigung oder anderweitig in Übereinstimmung mit der Charta der Vereinten Nationen«. In Punkt vier bekräftigen die drei Staaten, »unverzüglich Maßnahmen des Sicherheitsrates der Vereinten Nationen anzustreben [...], falls die Ukraine Opfer eines Angriffsaktes oder Gegenstand einer Angriffsdrohung werden sollte, bei der Kernwaffen eingesetzt werden«. Leonid Kutschma, Krawtschuks Nachfolger im ukrainischen Präsidentenamt, Boris Jelzin für die Russische Föderation, John Major für Großbritannien und Bill Clinton für die USA besiegeln das Memorandum im Namen ihrer Staaten mit ihren Unterschriften. Das Dokument fällt in eine Zeit des demokratischen Optimismus. Viele Gelehrte weltweit folgen Francis Fukuyamas These vom guten Ende der Geschichte. Der Sieg im Kalten Krieg und der Wunsch nach Demokratie in Mittel- und Osteuropa bedeuten demnach, dass Kommunismus und Faschismus für immer Geschichte seien. Der Weg führe nun in die freiheitliche Marktwirtschaft, lautet der liberale Traum.

Befürchtungen, russische Politiker würden ihre Gebietsansprüche wegen eines in Budapest unterzeichneten Stück Papiers nicht aufgeben, tritt der ukrainische Außenminister Gennadij Udowenko deshalb zuversichtlich entgegen.[62] »Das Memorandum wird sie zurückhalten«, sagt er und ahnt nicht, wie sehr er sich irrt.

13. Friedlicher Schrei nach Demokratie: Die Orange Revolution

Die seit der Unabhängigkeit verschleppten Probleme verschärfen sich Jahr für Jahr. Ähnlich wie in Russland und anderen Nachfolgestaaten der Sowjetunion folgt in der Ukraine auf den Kommunismus keine funktionierende Demokratie, sondern eine mafiöse Gesellschaft, in der illegale Banden Politik machen. Zentren der Clans sind Donezk, wo Rinat Achmetow vor allem die Stahlproduktion im Donbas kontrolliert, Kyjiw, wo die Brüder Hryhorij und Ihor Surkis sowie Wladimir Putins Vertrauter Wiktor Medwedtschuk, der von Leonid Kutschma zum Leiter der Präsidialverwaltung ernannt wird, bei Medien-, Banken- und Handelsgeschäften mitverdienen, und Dnipropetrowsk, heute Dnipro, wo Kutschmas Schwiegersohn, der »Röhrenkönig« Wiktor Pintschuk, im Stahl-, Kraftwerks-, Rüstungssektor und durch die Lieferung von Röhren in die Russische Föderation ein Vermögen macht.

Sogar laut offiziellen Daten macht der Schwarzmarkt 1995 fast die Hälfte des Bruttoinlandsprodukts aus.[63] Während arbeitende Bürger sich von ihrem Lohn – falls er ausgezahlt wird – fast nichts leisten können und für ärztliche, behördliche oder schulische Dienstleistungen so gut wie immer Korruptionsgeld oder -waren benötigen, bereichern sich einige wenige. Viele Großbetriebe sind bald Eigentum von etwa einem Dutzend Oligarchen. Besonders asozial agieren jene, die in der Ukraine wegen der Armut subventionierte Waren aufkaufen und im Ausland teurer verkaufen.

Folge dieser Insider-Wirtschaft ist ein System, in dem nicht Gesetze, sondern Schmiergeldzahlungen das Leben regeln. Fast alles ist käuflich. Während Mitte der 1990er Jahre vier Fünftel der Bevölkerung unter der Armutsgrenze leben und die Durchschnittsrente bei umgerechnet zehn US-Dollar liegt, kostet eine eigentlich unentgeltliche Geburtshilfe mindestens fünfzig US-Dollar Handgeld, eine Befreiung vom Wehrdienst 500 bis 2500 US-Dollar, ein Doktortitel 2000 bis 3000 US-Dollar, ein Freispruch vor Gericht zwischen 1000 und 10 000 US-Dollar, je nachdem worum es geht, ein Termin beim Präsidenten 20 000 US-Dollar und die Verabschiedung eines Gesetzes auf Bestellung etwa zehn Millionen US-Dollar.[64]

Mitverantwortlich für den wirtschaftlichen und moralischen Ausverkauf des Landes ist der Präsident. Leonid Kutschma, der 1994 die Wahlen gegen Krawtschuk (in der Stichwahl mit 52 Prozent der Stimmen, vor allem aus dem Ostteil des Landes) gewonnen hatte, war eigentlich als Reformer angetreten, der Korruption bekämpfen wollte. Tatsächlich schickt der Ingenieur, der vor der Unabhängigkeit als Parteisekretär und Generaldirektor im größten Raketenkonzern der UdSSR in Dnipropetrowsk gearbeitet hat, in der Dekade seiner Macht die Ukraine auf einen ähnlich totalitären Weg wie es der ebenfalls 1994 erstmals gewählte Aljaksandr Lukaschenka im Nachbarland Belarus macht. Vor Kutschmas Wiederwahl im Jahr 1999 zählt ihn das Komitee zum Schutz von Journalisten, CPJ (eine in den USA ansässige Nichtregierungsorganisation), zu den weltweit schlimmsten Feinden der Pressefreiheit, neben Kubas Fidel Castro, Chinas Jiang Zemin und Serbiens Slobodan Milošević. Kutschma kontrolliert die drei größten Fernsehkanäle und zwei wichtige Zeitungen des Landes. Unabhängige Medien und Journalisten lässt er nicht frei arbeiten. Zwar beginnt im Herbst 1994 das Verfassungsgericht offiziell mit der Arbeit, 1996 wird eine neue Verfassung verabschiedet, doch die Macht der Oligarchen-Clans schmälert das nicht. Auch die Millionen Hilfsgelder, die von ausländischen Institutionen und Staaten eigentlich unter Reformbedingungen in die Ukraine fließen, ändern wenig. Über das Präsidialamt mischen sich Kutschma und seine Oligarchen immer stärker in die Kompetenzen des Parlaments ein. Zum Ende eines für die Ukraine schrecklichen Jahrhunderts hat sich das Land in der Unabhängigkeit statt in eine funktionierende, in eine Schein-Demokratie gewandelt.

Der ehemalige Dissident und Menschenrechtler Wjatscheslaw Tschornowil will trotz aller Rückschläge nicht aufgeben. Bei den Parlamentswahlen im März 1998 gelingt seiner Ruch-Partei hinter den Kommunisten das zweitstärkste Ergebnis. Tschornowil, inzwischen 61 Jahre alt und Chefredakteur der nationaldemokratischen ukrainischen Zeitung *Zeit,* wird auf einem Parteitag von Ruch zum Kandidaten für die Präsidentschaftswahlen im Herbst 1999 bestimmt. Er will es noch einmal wissen und ein besseres Ergebnis als acht Jahre zuvor erzielen. Sieben Monate vor der Wahl, am 25. März 1999 verlässt er gegen halb zwölf vormittags zusammen mit seinem Fahrer Kyjiw auf der Autobahn nach Süden. Die beiden sitzen in einem bläulich lackierten Toyota. Tschornowils Fahrer gibt Gas und sieht erst im letzten Augenblick, wie vor ihnen ein großer Lastwagen mit Anhänger wendet und die Straße blockiert. Der Toyota rast in den LKW. Bereits am nächsten Tag verkündet das Innenministerium, Tschornowil und sein Fahrer seien bei einem Unfall gestorben. In der Ukraine kursiert jedoch bis heute die Überzeugung, der Kandidat sei Opfer eines politischen Attentats geworden. Der spätere stellvertretende Generalstaatsanwalt Mykola Holomsha wird behaupten, dass Tschornowil wahrscheinlich durch mehrere Schläge und nicht durch einen einzigen Aufprall gestorben ist. Zur Beerdigung kommen aus vielen Teilen des Landes mehr als 200 000 Menschen nach Kyjiw. Viele von ihnen verstehen, was mit ihrem Staat passiert. Sie wissen, wie sie die Machtstrukturen verändern müssten, aber in der Trauer um den Tod Tschornowils und den Mühen des Alltags verlieren sie langsam den Glauben daran, dass sie dazu imstande sind. Bei den Wahlen gewinnt Kutschma mit Abstand vor dem Kandidaten der kommunistischen Nachfolgepartei der KPdSU.

Einer der schärfsten Kritiker des wiedergewählten Präsidenten ist Georgij Gongadse. Der Gründer und Chefredakteur der Internetzeitung *Ukrainska Prawda* wurde als Sohn eines Georgiers und einer Ukrainerin in Tiflis geboren, hat für Georgien als Soldat gegen russische Truppen gekämpft, sich nach seinem Umzug in die Ukraine wie Tschornowil in der Ruch engagiert und sowohl in der Ukraine als auch in Georgien als Dokumentarfilmer gearbeitet. Mit seiner Frau und ihren beiden kleinen Zwillingstöchtern lebt Gongadse in Kyjiw. Am 16. September 2000, es ist nach 22 Uhr, verlässt der 31-jährige Journalist sein Büro in Kyjiw. Er war bereits vor Wochen von Unbekannten verfolgt worden, hatte dies dem Innenministerium gemeldet und Freunden erzählt. Als er an diesem Abend nicht zu Hause ankommt, ist seine Frau deshalb sofort beunruhigt. Sie weiß nicht, dass ihr Mann gerade von vier Männern entführt wird, die im Auftrag des Innenministers handeln. Sie fesseln Gongadse und fahren mit ihm in einen vierzig Kilometer außerhalb der Stadt liegenden Wald. Zwischen den Bäumen beginnt einer der vier mit einem Spaten eine Grube auszuheben. Ein anderer stopft Gongadse – nachdem der ihn angefleht hat, ihn nicht umzubringen – ein Tuch in den Mund. Derselbe Mann nimmt sich danach einen Gürtel, zieht ihn um Gongadses Hals, erdrosselt und enthauptet ihn. Die Leiche des Journalisten wird erst mehrere Wochen nach der Tat entdeckt, die Täter werden erst fast 13 Jahre danach verurteilt. Im Gerichtssaal wird der Mörder, ein General, der für das Innenministerium arbeitete, sagen, der Auftrag sei direkt von der Staatsspitze, von Leonid Kutschma und seinem Präsidialamtschef gekommen.

Die Ukraine werde von einer organisierten kriminellen Vereinigung unter der Leitung von Kutschma regiert. Diese beraube das ukrainische Volk, eliminiere Politiker sowie Journalisten und handele gesetzwidrig mit Waffen, sagt Mykola Melnytschenko, ehemaliges Mitglied der Leibgarde des Präsidenten nach der Ermordung Gongadses. Melnytschenko steht im Zentrum von »Kutschmagate« (auch »Kassetten-Skandal« genannt), da er heimlich angefertigte Aufnahmen von Kutschma veröffentlicht. In einem der Mitschnitte redet der Präsident mit dem Innenminister über Gongadse und bezeichnet den Journalisten als »Abschaum«. Man müsse dafür sorgen, so Kutschma, »dass die Tschetschenen ihn entführen«.[65]

Trotz der öffentlichen Anschuldigungen, trotz ansteigender Wut in der Bevölkerung, trotz Demonstrationen von mehreren zehntausend Menschen in mehr als hundert ukrainischen Städten am Geburtstag von Taras Schewtschenko tritt der Präsident nicht zurück. Er versucht sogar, seine Amtszeit zu verlängern, die Verfassung zu umgehen und wie Lukaschenka in Belarus ein drittes Mal zu kandidieren. Als das misslingt, sucht Kutschma für die nächsten Präsidentschaftswahlen nach einem Nachfolger, der seinen Kurs fortsetzen und ihm Immunität vor Strafverfolgung sichern kann. Die Wahl fällt im Sinne der Oligarchen und Wladimir Putins auf Kutschmas Ministerpräsidenten Wiktor Janukowytsch, der seit 2002 die Regierung führt und vom mächtigen Clan aus Donezk unterstützt wird. Janukowytsch überzeugt zwar wenig bei öffentlichen Auftritten, kann fast kein Ukrainisch, verspricht dafür im Wahlkampf, die Renten zu erhöhen, allen Soldaten, die im Weltkrieg für die Sowjetunion gekämpft haben, auf Staatskosten ein Auto zu schenken und Russisch zur zweiten Amtssprache zu machen. Eine Hinwendung zur Europäischen Union lehnt er im Gegensatz zu seinem wichtigsten Konkurrenten ab. Anders als bei vorigen Wahlen einigt sich die reformorientierte Opposition dieses Mal früh auf einen gemeinsamen Kandidaten. Der liberaldemokratische Ökonom, ehemalige Chef der Nationalbank und ehemalige Ministerpräsident Wiktor Juschtschenko gilt als sanfter, aber beharrlicher Fachmann und Retter der ukrainischen Währung Hrywnja, die die turbulenten Zeiten der Inflation überstanden hat.

Gut sieben Wochen vor der Wahl fährt Juschtschenko nach einer Einladung gegen 21:30 Uhr abends zur Datscha des stellvertretenden Geheimdienstchefs. Zusammen mit dem Chef der Behörde essen die Männer zu Abend, ukrainische Küche, wie der Gastgeber später sagen wird. Als Juschtschenko spät am Abend nach Hause kommt, gibt seine Frau ihm einen Willkommenskuss und wundert sich, da seine Lippen metallisch schmecken. Ihr Ehemann fühlt sich schlecht, sein Unterleib und Rücken schmerzen. Er muss sich mehrmals übergeben und seine Gesichtsmuskeln werden taub. Am nächsten Tag geht er zum Arzt. Da die Schmerzen auch danach anhalten, fliegt er nach Wien in ein Krankenhaus. Die Ärzte stellen Entzündungen in Magen, Bauchspeicheldrüse, Dünndarm und Ohr fest. Seine Leber ist geschwollen, sein Gesichtsnerv gelähmt und sein Körper mit chlorhaltigen Dioxinen vergiftet. Eine Woche bleibt Juschtschenko im Krankenhaus, dann kehrt er gegen den Rat der Ärzte in die Ukraine zurück. Das Bild des angeschwollenen, verunstalteten Gesichts des Politikers, der weiterhin Präsident der Ukraine werden möchte, geht um die Welt. Mehr ausländische Medien, Staatsoberhäupter und Wahlbeobachter als je zuvor verfolgen nun den Wahlkampf. Die Methoden Kutschmas werden auch außerhalb der Ukraine bekannt. Das staatliche Fernsehen als Hauptinformationsquelle der Bevölkerung gewährt Janukowytsch mehr Sendezeit als Juschtschenko. Beamten der Polizei, im Bildungswesen und in weiteren Behörden wird gedroht, sollten sie nicht »richtig«, also für Janukowytsch, abstimmen. Am Wahltag dokumentieren unabhängige Beobachter der OSZE zahlreiche Manipulationen. Beispielsweise werden in drei Wahlkreisen, die

Juschtschenko gewonnen hat, die Stimmen nicht gewertet. Obwohl Juschtschenko laut Wählerumfragen der klare Sieger sein müsste, veröffentlicht die Behörde ein ausgeglichenes Ergebnis: 39,87 Prozent für Juschtschenko, 39,32 Prozent für Janukowytsch. Es folgt eine Stichwahl am 21. November 2004.

Die Gouverneure jener Regionen, in denen Juschtschenko im ersten Wahlgang gewonnen hat, werden durch den noch amtierenden Präsidenten entlassen. Ihre Nachfolger sollen nun für einen Sieg Janukowytschs sorgen. Universitätsrektoren werden aufgefordert, für die Opposition demonstrierende Studenten von den Hochschulen zu werfen. Doch die jungen Leute, die keine Repressionserfahrungen in der Sowjetunion gemacht haben, wollen sich das nicht gefallen lassen. Juschtschenko gelingt es zudem, immer mehr Künstler, Sportler, Musiker, Intellektuelle und fast alle unterlegenen Kandidaten aus der ersten Wahl hinter sich zu versammeln. Das Land ist vor der Richtungswahl so politisiert wie selten zuvor: Die TV-Diskussion zwischen Janukowytsch und dem gesundheitlich immer noch angeschlagenen Juschtschenko verfolgen zwanzig Millionen Zuschauer live im Fernsehen.

Doch auch dieses Mal lässt Kutschma für seinen Wunschnachfolger das Wahlergebnis fälschen. Wählerlisten werden gestohlen, Wählergruppen bestochen und in Bussen in andere Regionen gefahren. Obwohl seriöse Nachwahlbefragungen selbst im Osten einen Vorsprung von mehr als zehn Prozent für Juschtschenko ergeben, sollen sich dort angeblich mehr als neun von zehn Wählern für Janukowytsch entschieden haben. Die Wahlbeteiligung soll dort von 70 Prozent im ersten Wahlgang auf nun

99 bis 100 Prozent gestiegen sein. Die Wahlbeobachtermission der OSZE dokumentiert zahlreiche Manipulationen und erkennt das offizielle Wahlergebnis, wonach Janukowytsch mit 49,45 Prozent vor Juschtschenko mit 46,61 Prozent gewonnen haben soll, nicht an. Zwei Mitglieder der Zentralen Wahlkommission verweigern ihre Unterschriften unter dem amtlichen Ergebnis, weitere ziehen ihre Unterschriften zurück.

Während sich noch in der Nacht nach dem Wahltag erste Menschen auf dem Unabhängigkeitsplatz in Kyjiw treffen, sammelt die Opposition 11 000 Belege für die Wahlfälschungen, die Juschtschenko umgehend dem Obersten Gericht vorlegt. Ab dem 22. November 2004 kommen immer mehr Demonstranten – trotz eisiger Temperaturen – auf den Maidan in Kyjiw. Bald sind es mehr als hunderttausend Menschen. Sie bauen eine Bühne samt Leinwand und eine Zeltstadt auf. *Kanal 5*, der von Petro Poroschenko finanzierte einzige Fernsehsender, der nicht von der Regierung kontrolliert, sondern »nur« in seiner Arbeit behindert wird, überträgt die Proteste live vom Unabhängigkeitsplatz. Binnen weniger Tage organisieren die Bürger Getränke, Speisen, Brennholz und bilden Ordnungskräfte. Alle Demonstranten registrieren sich, haben ihre Personalausweise immer dabei, verzichten auf Alkohol und Gewalt. Kyjiws Bürgermeister stellt ihnen das Rathaus sowie weitere Gebäude rund um den Maidan zur Verfügung. Weitere Orte des Landes schließen sich dem Protest an. Die Stadtparlamente von Lwiw, Iwano-Frankiwsk, Lutsk, Winnyzja und Chmelnyzkyj lehnen das offizielle Wahlergebnis ab. Auch in Odesa, Dnipropetrowsk, Uschgorod und Schytomyr errichten Demonstranten

Zeltlager in der orangen Wahlkampffarbe Juschtschenkos. Sie solidarisieren sich mit ihm und seiner Verbündeten, der 44-jährigen Julija Tymoschenko, die sich öffentlich immer mit blond gefärbten und zu einem Kranz geflochtenen Haaren zeigt. In Kyjiw blockieren die Demonstranten den Verkehr, rufen zu Generalstreiks auf und ziehen friedlich vor Präsidialamt und Parlamentsgebäude. Neben dem Maidan bauen sie auf dem Prachtboulevard Chreschtschatik eine weitere Zeltstadt auf, in der mehrere Tausend Menschen in Schnee und Matsch stehend Wache halten, damit keine Provokateure eindringen. Auf der Bühne treten neben Politikern bekannte Persönlichkeiten wie Ruslana, Gewinnerin des Eurovision Songcontests, Bands, Comedians, Schriftsteller und die durch ihre Boxkämpfe bekannten Klitschko-Brüder auf. Während sich Soldaten, Polizisten und Milizgruppen für die Verhängung des Ausnahmezustands bereithalten, gibt es für die Demonstranten täglich von früh bis in die Nacht hinein eine friedliche Show aus Pop und Politik. Nach den ersten fünf Tagen haben sich bereits 1,5 Millionen dem friedlichen Schrei nach Demokratie angeschlossen. Einer von ihnen ist Mykola Matusewitsch, der ehemalige Dissident und Freund des verstorbenen Tschornowil (siehe Kapitel 10).

Die Regierung versucht zwar einen Gegenprotest anzustimmen. Der Gouverneur von Charkiw droht, unter einem Präsidenten Juschtschenko keine Steuern mehr nach Kyjiw zu zahlen. Zusammen mit Janukowytsch trifft er sich mit dem Bürgermeister Moskaus und den Gouverneuren aus Donezk und Luhansk, um über eine autonome Föderation zu sprechen. Etwa zehntausend Bürger aus dem Osten, von denen viele dafür Geld bekommen, werden mit Sonderzügen aus Donezk nach Kyjiw geschickt. Doch in der Hauptstadt kommen diese vermeintlichen Janukowytsch-Unterstützer mit den Anhängern Juschtschenkos ins Gespräch und werden von ihnen mit Essen und Getränken versorgt. Mit jedem weiteren Tag, an dem friedlich demonstriert wird, mehren sich die Hinweise, dass Soldaten und Polizisten nicht eingreifen werden. Einige Soldaten stellen sich auf dem Unabhängigkeitsplatz sogar neben Juschtschenko auf die Bühne, andere kündigen auf *Kanal 5* an, dass es bei einem Räumungsbefehl durch die Staatsgewalt Verweigerer geben würde. Ukrainische Diplomaten aus der Botschaft in Washington und 200 weitere Beamte geben eine Erklärung ab, in der sie sich »mit der Stimme des ukrainischen Volkes« solidarisieren.[66]

Die Orange Revolution macht das junge, in vielen Teilen der Welt unbekannte Land zum Nachrichtenthema Nummer eins. Es war eine Richtungsentscheidung zwischen einer autoritären und dem Versprechen auf eine demokratische Zukunft, die das System Kutschma im Sinne des Kreml für Janukowytsch gefälscht hat. Aber die Ukrainerinnen und Ukrainer riskieren viel, um sich ihr Recht auf eine faire Wahl zurückzuholen – vor allem die jüngeren. Jeder Zweite der Revolutionäre ist noch jugendlich oder ein junger Erwachsener. Zwölf Tage besetzen sie das Zentrum ihrer Hauptstadt pausenlos, bis der Oberste Gerichtshof eine Wahlwiederholung anordnet. Es sind zwölf Tage, in denen eine Gesellschaft, die als unpolitisch und nachgiebig gilt, sich und der Welt das Gegenteil beweist. Das Gefühl der Selbstermächtigung und der Wille, das korrupte Erbe der Sowjetunion endlich abzuschütteln, halten danach an, mindestens bis eine Mehrheit der

Bevölkerung bei der Wahlwiederholung am 26. Dezember 2004 den Status quo einer käuflichen von Oligarchen-Clans gesteuerten Politik abwählt. Laut offiziellem Ergebnis gewinnt Wiktor Juschtschenko mit 51,99 Prozent vor Janukowytsch mit 44,2 Prozent die Wahl, die laut Organisation für Sicherheit und Zusammenarbeit in Europa »erheblich näher an OSZE-Standards«durchgeführt wurde.[67]

Am Abend der Wahl tritt Juschtschenko zu später Stunde vor die Öffentlichkeit. Mit seinem durch die Vergiftung von Pusteln übersäten Gesicht schaut er in die TV-Kameras und hält eine kurze Ansprache. Nun habe für die Ukraine eine »neue Epoche der Demokratie« begonnen, sagt er. Seine Frau, die während der Rede neben ihm steht, sagt nichts. Sie befürchtet, dass jene Leute, die Milliarden im alten System verdient haben, nicht so leicht aufgeben werden.

14. Der unbändige Wille einer Nation: Volksaufstand der Würde und Euromaidan-Revolution

Am 20. Januar 2005 bestätigt das Oberste Gericht Wiktor Janukowytschs Niederlage bei den wiederholten Wahlen. Der Unterlegene, der geklagt hatte, erkennt das Urteil nicht an, muss aber Wiktor Juschtschenko das Präsidentenamt überlassen. Janukowytschs politische Karriere ist damit jedoch nicht beendet. Während er sich im Schatten der Macht vor allem im Osten des Landes auf die nächsten Wahlen vorbereitet, schaffen es die Hoffnungsträger der Orangen Revolution nicht, ihre Versprechen einzulösen. Juschtschenko und die neue Ministerpräsidentin Julija Tymoschenko versuchen, die Verflechtungen staatlicher Macht mit den Oligarchen-Clans zu lösen, sie versuchen, die Wirtschaft und den demokratischen Staat zu stärken, aber nach dem orangen Volksaufstand folgen keine revolutionären Veränderungen. Der Wechsel zu einer rechtsstaatlichen, von Korruption befreiten Gesellschaft misslingt, auch da die beiden Sieger des Maidans sich bereits nach einigen Monaten von Team- zu Gegenspielern wandeln. Juschtschenko wirft Tymoschenko vor, die Ideen der Orangen Revolution verraten zu haben – durch Einflussnahmen auf die Justiz und Unterstützung eines Unternehmens, an dem sie einst selbst beteiligt war. Tymoschenko beschuldigt Juschtschenko und den Vorsitzenden des Nationalen Sicherheits- und

Verteidigungsrates, Petro Poroschenko, gegen ihre Regierung intrigiert zu haben.

Vor den Präsidentschaftswahlen Anfang 2010 ist die Einheit der reformorientierten Kräfte endgültig dahin. Sie treten gegeneinander an, und die politischen Institutionen des Landes sind gelähmt. Es gibt keinen Finanz- und keinen Verteidigungsminister. Demokratie, so eine Lehre der Amtszeit Juschtschenkos, kann chaotisch und dreckig sein, besonders wenn keine großen Fortschritte erzielt werden. Der Held der Orangen Revolution wird dafür im ersten Wahlgang mit nur fünf Prozent der Stimmen abgestraft. Tymoschenko erzielt 25 und der Wahlfälscher Janukowytsch 35 Prozent. In der Stichwahl gewinnt der Kandidat des Kreml gegen Tymoschenko (49 zu 46 Prozent).

Mit Janukowytsch kehren Machenschaften zurück, gegen die sich das Volk fünf Jahre zuvor noch erhoben hat. Der ehemalige Automechaniker, der seine Laufbahn als Gouverneur des Gebiets Donezk begonnen hatte, galt lange als politischer Arm oligarchischer Clans um den Stahl- und Kohlemilliardär Rinat Achmetow sowie der Gaslobby. Um als Präsident unabhängiger von seinen Sponsoren zu werden, besetzt er nun wichtige Positionen des Staates mit neuen Köpfen, auch aus Russland. Schon im Jahr seiner Wahl hat er das Verfassungsgericht so weit unter Kontrolle, dass es ihm eine Verfassungsänderung und neue Vollmachten gewährt. 2011 lässt er die gesteuerte Justiz Konkurrenten wie Julija Tymoschenko verurteilen und einsperren. 2012 ernennt er Dmitro Salamatin, einen ehemaligen russischen Staatsbürger, zum Befehlshaber der Armee. Ihor Kalinin, ein aus Russland stammender ehemaliger KGB-Agent, wird Chef der dreißigtausend

Mitarbeiter des ukrainischen Geheimdienstes SBU. Und nach der gemeinsam mit Polen ausgetragenen Fußball-Europameisterschaft lässt Janukowytsch das Ergebnis der Parlamentswahlen im Herbst 2012 manipulieren.[68] Busse, in denen Wähler der Regierungspartei sitzen, werden von Wahlort zu Wahlort gefahren, damit die Menschen ihre Stimmen mehrfach abgeben. Studierende bekommen nach der »richtigen« Wahl Umschläge mit Geld zugesteckt. In einem Wahllokal in Irpin bei Kyjiw wundert sich ein älterer Mann. Nach dem Tod seiner Frau lebt er allein in seinem Haus. Doch als er seinen Wahlzettel abholte, bekam er mit, dass noch vier weitere Männer mit seiner Adresse für die Wahl registriert sind.

Offiziell soll die Ukraine nun wie einst unter Kutschma in einem demokratischen präsidentiell-parlamentarischen System funktionieren, tatsächlich hat Janukowytsch ähnlich wie der von ihm geschätzte Putin eine Machtvertikale errichtet. Erstmals seit der Unabhängigkeit bildet das Parlament als Legislative kein wirkliches Gegengewicht zur Exekutive des Präsidenten. Die Befugnisse des Geheimdienstes SBU werden erweitert und die Pressefreiheit wieder eingeschränkt. Laut Transparency International steht das Land im weltweiten Korruptionsindex auf dem 152. von 183 Rängen.

Binnen Monaten steigt Janukowytschs Sohn Oleksandr zu einem der reichsten Männer des Landes auf. »Die Familie«, wie viele Ukrainer den kriminellen Clan des Präsidenten nennen, bereichert sich immer mehr. In Kyjiw lässt Janukowytsch einen 1,6 Hektar großen Villenkomplex mit 500 Räumen, Bowlingbahn, römischen Statuen, einem Streichelzoo, einer Straußenfarm, einer vergoldeten Ka-

pelle, einem Boxring, einem Spa, einer Oldtimer-Samm-
lung, einem ausgestopften Löwen und goldenen Klo-
brillen errichten. Aber die Bevölkerung hat die Kraft der
Selbstermächtigung, die sie bei der Orangen Revolution
vereinte, noch nicht vergessen. Und die Unzufriedenheit
ist nach fast vier Jahren unter einem Präsidenten, der sein
Volk betrügt, so groß, dass ein Funke genügt, um einen
Flächenbrand zu entfachen.

Dieses Mal ist es keine gefälschte Wahl, sondern eine
Lüge über ein seit Jahren verhandeltes, durchs Parlament
bestätigtes und bereits paraphiertes Assoziierungs-Ab-
kommen mit der Europäischen Union, die zu Demonstrationen führt. Da Putin mit Konsequenzen droht, lehnt
Janukowytsch plötzlich entgegen seinen eigenen An-
kündigungen die für den 28. November 2013 in Vilnius
geplante Unterzeichnung ab. Niemand werde unseren
Traum von einer »europäischen Ukraine ruinieren«, erklärt Janukowytsch den Bürgern in einer Ansprache, aber
die Ukraine sei wirtschaftlich »noch nicht reif« für einen
solchen Schritt.[69] Damit fügt er sich gegen den Willen der
Volksvertreter im Parlament und gegen eine Mehrheit im
Volk (laut einer repräsentativen IFAK-Umfrage vom Juni
2013 sprechen sich 59 Prozent für einen EU-Beitritt aus)
dem Druck Putins.[70] Dieser hatte zuvor zur Warnung eine
Art Handelskrieg begonnen, die Kontrollen für ukrainische Importe nach Russland erhöhen und eine Woche lang
sogar alle Waren aus der Ukraine blockieren lassen. Die
Signatur des EU-Assoziierungs-Abkommens würde das
Zollregime mit Russland berühren, hatte der Kreml be-
hauptet und mit einer Visapflicht für Ukrainerinnen und
Ukrainer gedroht.

Direkt nach Bekanntwerden von Janukowytschs Weigerung, das Abkommen zu unterzeichnen, treffen sich am **Donnerstag, 21. November 2013** junge Ukrainer, vor allem Studenten, auf dem Maidan in Kyjiw. Viele haben sich über Aufrufe in sozialen Medien wie Facebook verabredet und übernachten auf dem Unabhängigkeitsplatz. Am 24. November marschieren mehr als hunderttausend Menschen mit EU-Fahnen in der Hand durch Kyjiws Straßen. Morgens gegen vier Uhr am 30. November 2013 greift eine Polizeieinheit auf dem Maidan ein. Offizielle Begründung: Ein Weihnachtsbaum soll dort errichtet werden. Die Polizisten der Berkut-Spezialeinheit räumen den Unabhängigkeitsplatz mit Gewalt, verfolgen und verhaften Studenten. Die Empörung darüber verbreitet sich schnell. Am nächsten Tag kommen etwa vier Mal so viele Demonstranten zurück und besetzen den Maidan Ein Mann spricht über ein Mikro zu den Demonstranten:

Freunde, nun schließt sich die ganze Gesellschaft, unser ganzes Land unserem Kampf an. Wir beginnen unsere Versammlung mit der Nationalhymne:

Noch sind der Ukraine Ruhm und Freiheit nicht gestorben, das Schicksal wird uns zulächeln, junge Brüder.

Verschwinden werden unsere Feinde wie Tau in der Sonne, und auch wir Brüder, werden Herren im eigenen Land sein.

Leib und Seele geben wir für unsere Freiheit und zeigen, dass unsere Herkunft in der Kosakenbrüderschaft liegt.

Leib und Seele geben wir für unsere Freiheit und zeigen, dass unsere Herkunft in der Kosakenbrüderschaft liegt!

Es lebe die Ukraine! Es leben die Helden![11]

Der Protest wächst nun Tag um Tag. Neben ihren Zelten, die sie zwischen der McDonalds-Filiale und der Philharmonie aufstellen, wärmen sich die Demonstranten an Flammen, die in aufgestellten Tonnen lodern und »Lagerfeuer des Widerstands« genannt werden. Gegen die Kälte trinken viele Tee oder Wodka. An einem der Fässer steht Max, 25, Wirtschaftsstudent. Er sagt, die Ukrainer würden keine Verhältnisse wie in Belarus akzeptieren. Janukowytsch habe nun »ausgespielt«. Bis Neujahr werde er zum zweiten Mal von seinem Volk weggeputscht werden. Roman, 55, Landwirt, hört zu. Er ist 640 Kilometer aus dem Westen des Landes angereist. Auf seinem Auto, in dem er seitdem schläft, steht eine kleine Fahne der Europäischen Union. Roman hat viel Brennholz mitgebracht. Da sind auch Igor, 19, Bommel-Mütze, und Liliia, 28, Übersetzerin. Ihre Eltern wohnen im nordöstlichen Druschba, einem 3000-Einwohner-Örtchen. Von dort können sie zu Fuß über die Grenze nach Russland gehen, sagt Liliia. Dort empfange ihre Familie nur zwei TV-Sender, einen russischen und einen ukrainischen, aber keinen, der unabhängig berichtet. Liliia sagt, was dieser Tage auf dem Maidan passiere, erinnere sie an 2004, sei aber anders. Igor nickt. Er ist vor Tagen im Mercedes Vito seines Vaters mit sieben seiner besten Freunde hergefahren. Während der Orangen Revolution war er noch zu jung, musste alleine zu Hause bleiben, als seine Mutter demonstrieren ging. Als sie nach Hause kam, sang sie ihm die Lieder der Revolution vor und zeigte Fotos. Damals hätten die Ukrainer Janukowytsch wegen der Wahlmanipulationen gestürzt, sagt Igor. Jetzt wollten die meisten die Annäherung an die EU, egal mit welchem Politiker im Präsidentenamt.

Heute haben alle hier nur ein Ziel: »Ja« zu sagen, zur EU-Inte-
gration! Und »nein« zur Diktatur! Wir sagen nein zum totalitä-
ren System. Wir sind eine freie Nation! Und niemand wird uns
zu einem Land von Sklaven machen.

Es ist kurz vor Mitternacht. Auf der großen Bühne singt
nach den politischen Reden ein ukrainischer Reggae-Mu-
siker. Viele singen und hüpfen mit. Igor zeigt auf das große
Zelt schräg gegenüber. Das werde eine Küche für alle, sagt
er, seine Hände tief in seine Jackentaschen gesteckt. Kar-
toffeln in Säcken, Einweckgläser mit Sauerkraut und Gur-
ken stehen schon drin, abgegeben von Menschen, die vor-
beigekommen sind, um ihre Unterstützung zu zeigen. Ein
Mann, der im Westen der Ukraine mehrere Schlachtereien
besitzt, habe ihnen 150 Kilogramm Fleisch geschenkt.
Und, sagt Igor selbstbewusst, vor zwei Tagen habe er sich
mit seinen Freunden und etwa 350 weiteren Männern auf
einem Platz einige Hundert Meter vom Maidan entfernt
getroffen. Dort hätten sie sich aus Plastikflaschen und
Holz Schlagschutzausrüstungen gebaut und Techniken
zur Verteidigung einstudiert.

Stört seine Eltern nicht, dass er den Maidan besetzt,
frage ich ihn. Igor lächelt, hüpft vor dem Feuer von einem
Bein aufs andere und schüttelt den Kopf. Er mache hier
nichts Illegales, kämpfe nur, um sich zu verteidigen. Der
Rektor seiner Uni habe ihm dafür freigegeben, sagt er. Und
dann fragt er zurück: »Ich stehe hier für die Zukunft mei-
nes Landes, für meine Zukunft – würdest du bei so etwas
zu Hause bleiben?«

Aus den Lautsprechern ertönt die Stimme einer Frau: *Meine lieben Kinder! Ich bin euch sehr dankbar! Ich weiß, wie hart es für euch ist hierzubleiben. Und ich bin hier, mit euch, jeden einzelnen Tag. Ihr sollt wissen, dass ich für euch gebetet habe. Und ich habe um euch geweint.*

Euromaidan nennt jemand nach den ersten Tagen der Besetzung den Unabhängigkeitsplatz. Alle Zugangsstraßen zu ihm sind mittlerweile mit Barrikaden aus Holzpaletten, Schrott, Möbeln, Weihnachtsschmuck und Stacheldraht blockiert. Davor haben die Demonstranten eimerweise Wasser verschüttet, um Polizisten, die in der Nacht kommen, aufs Glatteis zu führen. Innerhalb der Barrikaden stehen an die hundert von Öfen gewärmte Zelte, Grills, Suppentöpfe groß wie Autoräder, Bänke, eine Bühne, eine gewaltige Leinwand, das Unabhängigkeitsdenkmal und daneben der riesige Weihnachtsbaum, den die Behörden aufgestellt haben, vollgeklebt mit Revolutionsplakaten. Notstromaggregate brummen. In unzähligen Tonnen brennt Feuer. 5000 bis 7000 Demonstranten schlafen hier oder in den rundherum besetzten Häusern seit Tagen. Freiwillige verteilen von morgens bis abends Speck- oder Käsebrote, Kekse, Kuchen, Tee, Kaffee oder warmes Essen. Mehr als 50 000 Gratis-Gerichte kochen die Organisatoren im Haus der Gewerkschaft jeden Tag. Die Atmosphäre gleicht einem Protestcamp mitten in einem Weihnachtsmarkt. Oder einem Rockfestival am Nordpol.

Janukowytschs Partei hat sich etwas dagegen einfallen lassen: Seit kurzem gibt es einige Hundert Meter von der Hauptbühne entfernt eine weitere Bühne, hinter dem Gebäude des Ministerkabinetts. Sie ist kleiner, taucht dafür –

während auf ihr Pop-Bands auf Russisch singen – im ukrainischen und russischen Staatsfernsehen auf. Und anders als auf dem Maidan werden viele Menschen, die vor der Janukowytsch-Bühne stehen, dafür bezahlt. Von 8 Uhr morgens bis 17 Uhr soll es 160 Griwna (etwa 16 Euro) geben. Durch das Mikrofon auf der großen Bühne am Maidan sagt einer der Demonstranten:

Schaut, diese Schurken versuchen alles, um Enttäuschung und Zweifel in die Herzen der Ukrainer zu pflanzen. Sie kontrollieren die Massenmedien und wollen durch sie verbreiten, dass sich hier alles beruhigt. Aber das ist eine gemeine Lüge!

Sonntag, 8. Dezember 2013: Auf der Maidan-Bühne liest Jewgenija Tymoschenko einen Brief ihrer Mutter Julija aus dem Gefängnis vor. Danach reden der Rektor der Kyjiwer Universität, ein Schriftsteller und ein Mann, der bereits 2004 auf diesem Platz von Revolution sprach, Jurij Luzenko. Der Innenminister unter Juschtschenko wurde in der Amtszeit Janukowytschs von einem Gericht zu einer Gefängnisstrafe verurteilt, weil er seinem ehemaligen Chauffeur eine Zusatzrente verschafft haben soll. Anders als Julija Tymoschenko kam er auf Drängen der EU und der ukrainischen Opposition vor einigen Monaten frei. Er sagt, die Tage der Orangen Revolution seien bisher die besten seines Lebens gewesen. Doch damals habe man nach dem friedlichen Erfolg nur die Namen der Politiker und nicht das System geändert. Dafür sei es nun höchste Zeit. Immer wenn Luzenko während seiner Rede »Europa« sagt, antworten ihm hunderttausende begeisterte Stimmen mit »Euurooopaa«-Rufen.

Die Menschen drängen sich in dieser ersten Phase des Volksaufstandes überall im Zentrum der Hauptstadt. Diejenigen, die schon 2004 bei der Orangen Revolution hier waren, sagen, so voll sei es am Maidan noch nie gewesen. Einige sprechen von mehr als einer Million Protestteilnehmern. Es sind Eltern, die ihre Kleinkinder auf den Schultern tragen, alte Frauen mit dicken Kopftüchern, die sich einen der Protestaufkleber mit dem Bild Janukowytschs hinter Gittern auf die Handtasche geklebt haben, und viele junge Leute. Sie sind gekommen, um zuzuhören, da zu sein und trotz der Millionen Schneeflocken, die vom Himmel fallen, ihre Stimme zu erheben. Sie stehen neben dem Weihnachtsbaum, auf Hausdächern, im Matsch auf dem Erdwall vor dem Konzerthaus und viel zu viele auf der Fußgängerbrücke über der Straße neben der Philharmonie. Dort muss ein Organisator durchs Megafon schreien, um Leute zum Verlassen des Bauwerks aufzufordern – Einsturzgefahr.

Ein paar Hundert Meter vom Unabhängigkeitsplatz entfernt ertönt ein dumpfer Knall und Gegröle. Anhänger der rechten Swoboda-Partei haben ein Stahlseil um das letzte Lenin-Denkmal der Stadt gelegt und den ehemaligen sowjetischen Herrscher vom Sockel gezogen. Jetzt schlagen die Nationalisten mit einem Hammer auf die Figur ein. Einer steckt sich einen Teil der Nase ein. Die Gruppe jubelt und brüllt: »Janukowytsch, du bist der Nächste!«

Vitya, ciao! Vitya, ciao! Vitya, ciao-ciao-ciao!
Deine Luxus-Villen – werden bald zu Museen!
Ciao Sonderpolizei Berkut und korrupte Richter!
Vitya, ciao! Vitya, ciao! Vitya, ciao-ciao-ciao!

Keine Juristen und auch nicht Putin werden deine üblen Verbrechen verteidigen. Ciao Herrscher, komm nicht zurück! Vitja, Ciao!

Catherine Ashton, die Außenbeauftragte der EU, kommt am 10. Dezember 2013 nach einem Treffen mit Wiktor Janukowytsch zum Maidan. Sie geht an den Barrikaden, den Zelten, den Feuerstellen, dem Weihnachtsbaum vorbei und lächelt, als die Menschen spontan »Europa, Europa« rufen. Vitali Klitschko (UDAR-Partei), ehemaliger Boxweltmeister und neben Arsenij Jazenjuk (Vaterlandspartei) und Oleh Tjahnybok (Swoboda-Partei) einer der Oppositionsführer, trifft sich am Abend mit ihr. Als Klitschko danach zurück zum Unabhängigkeitsplatz kommt, ist sein Gesicht fast so weiß wie der umherwirbelnde Schnee. Wir sind eigentlich zu einem längeren Interview verabredet. Doch er habe nun keine Zeit. Janukowytsch habe volle Rückendeckung von Putin, sagt Klitschko. Wird er ausgerechnet jetzt den Maidan räumen lassen, wenn die EU-Außenbeauftragte zu Besuch ist?

Um kurz vor ein Uhr nachts hat die Nachricht die Runde gemacht: Berkut-Spezialeinheiten der Polizei formieren sich im Süden, Osten und Norden des Maidan. Über Megafone fordern die Polizisten alle Demonstranten auf, den Unabhängigkeitsplatz zu verlassen, immer wieder wiederholen sie die Durchsage. Doch niemand hört darauf. Auf der Bühne steht die Sängerin Ruslana gemeinsam mit den Klitschko-Brüdern. »Habt keine Angst«, sagen sie, »wenn wir bis 4:30 Uhr durchhalten, schaffen wir es bis zum nächsten Tag – wir sind friedlich, keine Gewalt!« Sehr viele Frauen und Männer setzen sich ihre orange- und gelbfarbenen Bauarbeiterhelme auf und postieren sich an den Barrikaden. Einer von ihnen ist Mykola Matusewitsch (siehe Kapitel 10), ein anderer Andrij Saienko, ein stämmiger Mann, der sich nach der Orangen Revolution freiwillig als Wahlbeobachter gemeldet hatte und nun seit Tagen auf dem Euromaidan hilft. Eigentlich führt Saienko auf dem Markt in Fastiw, einem südwestlich von Kyjiw gelegenem Vorort, ein kleines Geschäft in einem grauen Container. Er verkauft dort Tee, Kaffee, Ketchup, Mayonnaise, Kaffeesahne und Lebensmittel in Dosen, eigentlich. Zwei Söhne hat er, Olexij heißt der ältere, den er einmal hierher auf den Unabhängigkeitsplatz zum Euromaidan mitgenommen hat. Zusammen haben sie eine Nacht hier verbracht. Aber am nächsten Tag wurde Olexij krank und ist zurück nach Hause gefahren.

Die Berkut-Kräfte rücken vor, Meter um Meter. Sie wollen die Demonstranten wegschieben und ihre Zelte und Barrikaden entfernen. An der Ostseite des Maidan, wo die Hruschewskyj-Straße angrenzt, klappt das. Die Polizisten schlagen in ihrer gepanzerten Ausrüstung eine Schneise in die Barrikaden. Nachrückende Beamte reißen sofort die Befestigung und die Zelte auseinander und werfen sie auf nachfahrende LKW. Die Menschen mit den Bauarbeiterhelmen aber flüchten nicht. Sie formieren sich neu, bilden einige Meter vor der Bühne und den Lautsprechern enggliedrige Ketten und stellen sich den Beamten erneut entgegen. Es kommt zu Zusammenstößen, vereinzelt zu Prügeleien. Hunderte Männer, Frauen, Studenten, Rentner, Großmütter, Beamte, Angestellte stellten sich den Polizisten entgegen. Die Beamten drücken mit ihren großen silberglänzenden Schutzschilden von der einen und die Demonstranten mit ihren Händen von der anderen Seite. Es ist ein Kräftemessen – ein körperliches und ein psychisches. Die Demonstranten, die sich in der ersten Reihe gegen die Schutzschilde der Polizisten drücken, werden von ihren Hintermännern gestützt. Ein Priester umklammert das Mikrofon auf der Bühne und betet. Die Glocken in der Michaelskathedrale läuten ohne Pause. Auf und neben der Bühne des Maidans singen die Revolutionäre. Ruslana stimmt die Nationalhymne an, redet auf die Polizisten ein, macht sich selbst Mut und erbittet Hilfe. »Kyjiw, steh auf!«, ruft sie in die Nacht. »Kyjiw, steh auf!«

Auch weil viele Journalisten live über das Internet berichten, verbreitet sich die Nachricht vom Kräftemessen schnell. Immer mehr Menschen kommen von überall ins Zentrum der Stadt gelaufen. Die Masse der Tausenden Demonstranten ist genauso stark wie die speziell trainierten Beamten. Nach etwa zwei Stunden haben sich feste Kampflinien herausgebildet. Verletzte werden in Behandlungszelten versorgt. Als die Polizisten Tränengas einsetzen, reagieren die Demonstranten mit noch lauteren Sprechchören. Ruslana schimpft, fleht, mahnt, singt über die Lautsprecher von der Bühne. Vor dem Gewerkschaftshaus stehen neben den drückenden und drängenden Massen zwei ältere Frauen. Sie halten jeweils ein christliches Kreuz hoch und beten ohne Pause – bis etwa sieben Uhr morgens.

Als die Sonne aufgeht, ziehen sich die Polizeieinheiten zurück. Viele Demonstranten weinen vor Freude und Erschöpfung. Weil die Beamten keine Schusswaffen benutzt haben und weil die Demonstranten keinen Zentimeter des Maidans freiwillig hergegeben haben, überstehen sie diese

Nacht vom 10. auf den **11. Dezember 2013**. Es ist eine für den Volksaufstand wichtige Nacht der Selbstermächtigung, in der aus einer sonderbaren Mischung vieler Mutiger der Funke einer Revolution entsprungen ist.

Meine Lieben, ich will, dass meine Stimme, die Stimme einer Großmutter und Mutter, die Stimme einer ukrainischen Frau, sich der starken und ehrlichen Stimme der Ukraine anschließt [...] Eure Stärke – unsere Stärke, ist unsere Würde. Es ist die Pflicht jedes Menschen, seine Würde zu bewahren, trotz allem. Ein Mann ohne Würde ist kein ganzer Mann. Ein Land ohne Würde ist überhaupt kein Land.

Die Revolutionäre bauen nach dieser Nacht die Barrikaden aus Brettern, Einkaufswagen, Eisblöcken, Bettgestellen, Autoreifen, Schränken und Autowracks neu auf, doppelt so hoch wie zuvor. Sie stellen neu gefüllte Töpfe mit Suppe aufs Feuer, errichten neue Zelte und leeren die Dixi-Klos. Der Volksaufstand hat jetzt eine zweite Phase erreicht. Von einer Revolution der Würde ist nun die Rede. Auch in anderen Regionen, vor allem im Westen, errichten Demonstranten Protestcamps. Bis Ende Januar werden sie in zehn Regionen die Kontrolle über die Verwaltungszentren übernehmen und Bürgerräte einberufen. Doch was ist ein realistisches politisches Ziel für das ganze Land? Eine gefälschte Wahl, die wiederholt werden kann, gibt es dieses Mal nicht. Maria Oliynyck grübelt darüber schon eine ganze Weile. Die siebzigjährige Intellektuelle arbeitet für eine politische Wochenzeitung aus Donezk. Sie kennt die Überlegungen der Politiker in der dortigen wichtigen Machtbasis Janukowytschs. Oliynyck sagt im

Dezember 2013, selbst wenn der Druck sich erhöhe – die USA haben ja schon mit Sanktionen gedroht – müsse das nicht zu einem Regierungswechsel führen. Nach der Besetzung des Maidans hätten sich in Donezk und in weiteren Regionen im Osten die Regionalregierungen für Janukowytsch ausgesprochen und zwei Szenarien diskutiert. Beide gehen davon aus, dass der Präsident den Ausnahmezustand verhängen wird. Szenario eins: Mit den Sonderrechten, die Janukowytsch dann zustehen, könnte er durch das Militär und durch Unterstützung Russlands das ganze Land wieder unter seine Kontrolle bringen. Szenario zwei: eine Teilung der Ukraine. Die Regionen im Westen wären demnach nicht mehr zu kontrollieren und müssten sich als autonome Region abspalten. Szenario zwei habe nur einen Haken, sagt Oliynyck. Niemand wisse, was dann mit der Hauptstadt Kyjiw passiert.[72]

Wenn der russische Präsident behauptet, unser Maidan sei ein »Pogrom«, dann ist das eine Beleidigung. Er sagt, wir und sie seien ein Volk? Mein lieber Wladimir Wladimirowitsch, das ist ein Missverständnis! Ihr Volk ist russisch. Unser Volk ist ukrainisch. Wir sind verschiedene Völker und Länder.

Mittwoch, 22. Januar 2014: Seit Mitternacht gelten in der gesamten Ukraine neue sogenannte Antiterror-Gesetze nach russischem Vorbild. Sie wurden im Parlament mit Präsidentenmehrheit ohne ordentliche Abstimmung durchgewunken, von Janukowytsch unterschrieben und in zwei Zeitungen veröffentlicht. Die Regierung hat damit zwar nicht den Ausnahmezustand verhängt, aber eine ähnliche gesetzliche Situation geschaffen. Das Versammlungs- und Demonstrationsrecht gibt es nicht mehr, selbst Autokorsos sind verboten. Alle, die auf dem Maidan stehen, sind demnach kriminell und müssten nach einer Verhaftung ins Gefängnis.

Die Oppositionsführer fordern daraufhin die unter Janukowytsch aufgehobene Verfassung von 2004, die dem Parlament mehr Kompetenzen gibt, wiedereinzuführen und die Antiterror-Gesetze zurückzunehmen. Bereits ihre Ankündigung hat zu mehr Gewalt geführt. Titushki, bezahlte Schläger, oft an schwarzer Freizeitbekleidung zu erkennen, versuchen sich unter die Maidan-Demonstranten zu mischen und zu provozieren. Der friedliche Protest wandelt sich täglich mehr in Straßenschlachten. Etwa 800 Meter vom Maidan entfernt, setzt die Polizei Tränengas, Blendgranaten und Scharfschützen mit Gummigeschossen ein. Die Beamten gehen gegen Protestler vor, durchbrechen eine Barrikade und versuchen Einzelne festzunehmen. Den Demonstranten, denen sich auch Ultrafans von Dynamo Kyjiw anschließen, gelingt es, die Polizei zurückzudrängen und acht Polizeibusse zu besetzen. Vor den Säulen des Dynamo-Stadions verbrennen Autoreifen zu häuserhohen Rauchwänden, Molotow-Cocktails sowie Pflastersteine fliegen. Die Menschen schreien »Mörder« und »Schande«, da die Nachricht des ersten Todesopfers die Runde macht. Serhij Nihojan, ein zwanzigjähriger Mann aus Dnipropetrowsk wurde mit vier Schüssen getötet. Die Kugeln waren nicht aus Gummi.

Steh auf Ukraine, deine Zeit ist gekommen! Schau, wie du in Leiden geboren wirst. Der große Dichter Taras Schewtschenko hat uns seinen Traum anvertraut. Es brauchte lange, um die

Sklaverei abzuschaffen. Steh auf meine Ukraine! In unseren Herzen herrscht Freude! Steh auf meine Ukraine, wir verdienen die Freiheit! Steh auf meine Liebe! All deine Städte und all deine Dörfer!

20. Februar 2014: Es ist wieder ein kalter Donnerstagmorgen, und nach dem Einsatz von Wasserwerfern ist der Boden auf dem Maidan matschig. An vielen Stellen fehlen Pflastersteine, die die Demonstranten als Geschosse für ihre Katapulte benutzt haben. Auf den Barrikaden brennen Autoreifen. Direkt dahinter werfen Demonstranten Molotowcocktails. Und immer wieder fallen Schüsse. Männer, die Gasmasken oder Motorradhelme über ihre Köpfe gestülpt haben, tragen Verletzte durch das Stadtzentrum Kyjiws. Viele von ihnen brüllen vor Wut, andere flehen im Schmerz. Es riecht nach Verbranntem, und überall knallt es.

Vor mir auf der Institutska-Straße am Rande des Maidans liegt ein Mann, sein gelbes Halstuch ist etwas über sein Gesicht gerutscht. Er bewegt sich nicht mehr. Und um ihn herum stehen Männer, die ihn und sich anschreien. Zwei von ihnen, die neben ihm niedergekniet sind, versuchen sein Herz wieder zum Schlagen zu bringen. Einer presst heftig mit übereinandergelegten Händen auf seine Brust. Der andere drückt mit Daumen und Zeigefinger seine Nasenlöcher zu, legt den Mund auf seinen und haucht Luft hinein. Fünf- oder sechsmal wiederholen sie den Versuch des Wiederbelebens. Vergebens. Wie die beiden Sanitäter ihn bearbeiten, wie er dort auf dem Boden liegt, wie sich um ihn herum das Chaos weiter ausbreitet: Wer nie im Krieg war, kann schlecht beurteilen, ob diese

Szene kriegsähnlich ist. Nach etwa zwanzig Minuten heben die beiden seinen Körper auf eine Spanplatte. Den Kopf bedecken sie mit einem dreckigen Pullover. So tragen sie ihn weg, in eine provisorisch eingerichtete Leichenhalle in der Michaelskathedrale, etwa 700 Meter vom Maidan entfernt.

Die Michaelskathedrale ist nicht irgendeine Kirche: Riesenkuppel, vergoldete Dächer, hellblau strahlende Wände – eine Touristenattraktion mitten im Zentrum einer europäischen Hauptstadt, eigentlich. An diesem Nachmittag des 20. Februar 2014 liegt hier ein Toter neben dem anderen. Auf das linke Bein seines Leichnams hat jemand mit einem grünen Filzstift seinen Namen und sein Geburtsdatum geschrieben: Andrij Saienko, 26.10.1962.

Es gibt Tage, die teilen fast alles in ein Davor und ein Danach. Der 9. November 1989 ist für die deutsche Gesellschaft so einer: der Tag, an dem die Mauer fiel und die friedliche Revolution besiegelte. Womöglich ereignen sich solche Tage immer dann, wenn ein neuer Weg eingeschlagen wird. An ihnen endet Vergangenes und orientiert sich Zukünftiges. Für die Ukraine gilt das für diesen 20. Februar 2014. Fast die Hälfte der 127 Menschen, die während des Volksaufstandes in Kyjiw ihr Leben verlieren, sterben an diesem einen Tag. Es ist der blutigste, den die Hauptstadt seit dem Ende des Zweiten Weltkrieges erlebt. Zum ersten Mal in der Geschichte der unabhängigen Ukraine hat eine Regierung mit mehreren Scharfschützen auf die eigenen Bürger schießen lassen.

Danach ist die Revolution nicht mehr aufzuhalten. »Wir werden Janukowytsch nicht mehr tolerieren«, schreit ein 26-jähriger Maidan-Kämpfer, der am 21. Februar 2014 auf die Bühne des Maidans gesprungen ist und sich das Mikrofon genommen hat. Die Worte des unbekannten Wolodymyr Parasjuk sind kaum ausgesprochen, da reagiert die Menschenmenge mit einem gewaltigen Jubelausbruch.

Das Parlament führt in einer Sondersitzung auch mit Stimmen von Abgeordneten aus Janukowytschs Partei die Verfassung von 2004 wieder ein und beschließt mit großer Mehrheit, den Präsidenten seines Amtes zu entheben. Einheiten von Polizei und Armee solidarisieren sich mit dem Euromaidan. Und Janukowytsch flieht noch am Abend mit einem Hubschrauber aus Kyjiw, erst nach Charkiw in den Osten der Ukraine und von dort nach Russland. Fast drei Monate nachdem Polizisten auf die ersten Jugendlichen eingeschlagen haben und die ersten improvisierten Barrikaden errichtet wurden, hat der Volksaufstand der Würde ein wichtiges Ziel erreicht.

Der ehemalige Präsident hat sich seitdem nie mehr zurück in die Ukraine gewagt. Im Januar 2019 hat ihn ein Gericht in Kyjiw in Abwesenheit zu 13 Jahren Haft verurteilt – wegen Hochverrats und der Mithilfe am Krieg gegen die Ukraine. Denn mit der Eskalation auf dem Euromaidan haben russische Spezialeinheiten begonnen, die Annexion der Krym-Halbinsel und den Krieg im Südosten des Landes vorzubereiten.

Fast fünf Jahre nach der Revolution besuche ich das Grab von Andrij Saienko in Fastiw bei Kyjiw. Ich treffe seinen älteren Sohn Olexij und seine Mutter Valentina.[73] Er hat seinen Vater, sie ihren 51-jährigen Sohn auf dem Maidan verloren. Nach drei Stunden, die wir in einem Café geredet haben, bestellen wir eine vierte Kanne Tee.

– Hat sein Tod für Sie heute eine besondere Bedeutung?

Valentina Saienko: Ich kann Ihnen das nicht beantworten. Aber der Schriftsteller Taras Schewtschenko hat ein Gedicht geschrieben: *Traum.* Darin heißt es: Jeder hat sein eigenes Schicksal. Daran glaube ich.

Olexij Saienko: Die Revolution, die er begonnen hat, ist noch nicht zu Ende. Ich hoffe, mein Vater ist nicht grundlos gestorben. Ich hoffe es wirklich. Es liegt an den Bürgern dieses Landes, ob er für etwas Gutes gestorben ist.

Valentina Saienko: Die Leute, die auf dem Maidan demonstriert haben, standen dort nicht umsonst. Wenn es sie nicht gegeben hätte, würde Wladimir Putin heute durch Kyjiw laufen und behaupten, die Ukraine sei keine eigene Nation. Andrij war nicht alleine. Insgesamt haben drei Millionen Bürger demonstriert. Ich glaube, es war gut, dass sie dort zusammen waren. Es war gut, dass mein Sohn zum Maidan gegangen ist.

– Das heißt, er ist für etwas Gutes gestorben?

Valentina Saienko: Als sie angefangen haben, auf dem Maidan zu schießen, begann der Krieg. Viele Menschen sind im Kampf gegen den Teufel gestorben. Es war der Wille der Nation, für den sie ihr Leben gelassen haben. Ja, Andrij ist für die Freiheit unseres Landes gestorben.

15. Russlands geheime Invasion: Grüne Männchen gegen einen Schokoladen-König

Sechs Tage nach Wiktor Janukowytschs Flucht nach Russland, dringt eine russische Iljuschin-76 in den ukrainischen Luftraum ein und landet auf dem Militärflughafen Gwardejskoje. Der Luftwaffenstützpunkt auf der Krym-Halbinsel darf laut Pachtvertrag vom russischen Militär mitgenutzt werden, Transportflugzeuge dieser Art müssen jedoch eigentlich bei den ukrainischen Behörden angekündigt werden. Nach der unangemeldeten Landung folgen weitere Maschinen. Insgesamt werden etwa 1700 russische Fallschirmjäger auf ukrainisches Territorium gebracht. Sie wollen die ohnehin in Sewastopol stationierten russischen Soldaten bei einer Invasion unterstützen, auf die weder die ukrainische Armee noch die EU noch die Nato vorbereitet sind.

Am selben Tag, dem 27. Februar 2014, besetzen in Simferopol grün gekleidete Personen das Regionalparlament der Krym und hissen auf dem Dach eine russische Flagge. Zuvor ist es vor dem Parlament zu Demonstrationen für eine Angliederung der Krym an Russland gekommen. Bewaffnete Männer haben die Demos organisiert. Sie übernehmen auch die Kontrolle über Telefonleitungs-Verteilzentren, weitere Verkehrsknotenpunkte sowie TV- und Radiosender. Es gebe kaum noch Festnetz-, Internet- und Handyverbindungen von der Krym in andere Teile der

Ukraine, meldet Ukrtelecom JSC am nächsten Tag. Die Flughäfen in Simferopol und Belbek werden ebenfalls von Soldaten besetzt, die grüne Uniformen ohne Hoheitsabzeichen tragen. Ukrainische Soldaten und Polizisten können oder wollen sich den als »grüne Männchen« bezeichneten nicht entgegenstellen.*

Auch in ostukrainischen Gebieten kommt es nach den Olympischen Winterspielen im russischen Sotschi zu gewalttätigen Ausschreitungen, die prorussische Medien als »russischen Frühling« bezeichnen. In mehreren Städten versuchen unbekannte Soldaten Stadtverwaltungen und Polizeistationen zu besetzen. Kleine, gut vorbereitete, bewaffnete Einheiten übernehmen staatliche Gebäude. Ukrainische Soldaten und Polizisten sind von den professionell durchgeführten Aktionen der »grünen Männchen« überrascht. Sie können den Kontrollverlust ihres Staates beobachten, aber in vielen Orten nicht verhindern. Neben der Volksrepublik Donezk ruft die Volksrepublik Luhansk ihre Unabhängigkeit aus. Fragwürdige Referenden zur Legitimation der Abspaltungen werden durchgeführt. Begleitet wird die Machtübernahme von einer Drohung der regulären russischen Armee: Etwa 80 000 Soldaten und Hunderte Panzer lässt der Kreml in der zweiten Märzhälfte an der Grenze zur Ukraine auffahren. Viele Beobachter befürchten eine große Invasion. Sergei Glasjew, ein Berater Wladimir Putins, sagt zu einem Kontaktmann in der Hafenstadt Odesa, er habe direkte Befehle von oben, um überall in der Ukraine die Leute zum Protest anzuhei-

---

* Die Halbinsel ist die einzige Region der Ukraine, in der ethnische Russen in der Mehrheit sind, 58,5 Prozent gegenüber 24,4 Prozent Ukrainern und 12,1 Prozent Krimtataren.

zen. Einheimische müssten auf öffentliche Plätze strömen und Verwaltungsgebäude besetzen. Doch während es auf der Krym, in Donezk und Luhansk für die russische Armee nach Plan läuft, bilden sich in anderen Gebieten der Süd- und Ostukraine ukrainische Bürgerwehren, die eine Machtübernahme Russlands verhindern. Sie stellen sich beispielsweise in Saporischschja, Cherson, Charkiw und Odesa den mit Geld, Ausrüstung und Anweisungen ausgestatteten Handlangern des Kreml entgegen und wehren Angriffe auf die Gouverneursgebäude ab.

»Kriege werden nicht mehr erklärt, und wenn sie einmal begonnen haben, verlaufen sie nach einem ungewohnten Muster«, hat der Chef des Generalstabes der russischen Streitkräfte, Waleri Gerassimow, bereits ein Jahr zuvor geschrieben.[74] Gerassimow, einer von Putins wichtigsten Militärstrategen, beschreibt in seinem Text eine neue Form der Kriegsführung, die für viele Beobachter deshalb so schwer zu durchschauen ist, weil genau das ihr Ziel ist. Während der Kriege in Tschetschenien und Georgien konnte Russland diese neue Art des verdeckten Angriffs stets verbessern. Aus den (KGB-)Erkenntnissen des Kalten Krieges und mit den neuen Möglichkeiten der digitalen Technik ließ Putin in diesen Einsätzen seinen Hybriden Krieg weiterentwickeln. Der Fachbegriff steht für eine Mischung aus politischen Täuschungen, geheimen Militär-Einsätzen, Cyberangriffen und umfassender Desinformation (Propaganda). Ein Hybrider Krieg ist ein mindestens teilweise geheim durchgeführter, undurchsichtiger Angriff eines anderen Staates. Dabei wird das Völkerrecht missachtet und versucht, durch Diplomatie sowie gesteuerte

Print-, TV-, Radio- und Online-Medien die Öffentlichkeit zu beeinflussen (siehe Kapitel 16).[75] Diese theoretische Definition eines Hybriden Krieges wird durch den Kreml fast eins zu eins in der Ukraine umgesetzt.

Anfang März 2014 besucht Putin die Krym. Er wird gefragt, ob die Männer in den grünen Uniformen russische Soldaten seien. Es handele sich um »örtliche Selbstverteidigungskräfte«, antwortet er und behauptet, ein Anschluss der Krym an Russland sei nicht geplant. Doch schon wenig später ist klar, dass die »grünen Männchen« Elitesoldaten des russischen Militärgeheimdienstes GRU sind. Sechs Wochen nach dem Krym-Besuch gibt Putin sogar selbst in einer live übertragenen Fernsehshow zu, dass die Selbstverteidigungskräfte Angehörige russischer Streitkräfte waren. »Natürlich«, sagt er. »Die haben sehr korrekt gehandelt.« Auch seine zweite Behauptung vom Krym-Besuch stellt sich als Lüge heraus: Trotz internationaler Kritik unterzeichnet der russische Präsident am 18. März 2014 einen Vertrag über die Aufnahme der Krym und der Stadt Sewastopol als neue Föderationssubjekte der Russischen Föderation. Zwei Tage zuvor haben die grünen Männer ein Referendum durchführen lassen, um die Annexion zu legitimieren (nachdem das Regionalparlament mit Bewaffneten im Parlamentssaal die Unabhängigkeit der Autonomen Republik Krym ausgerufen hatte). Laut des russischen Menschenrechtsrates und der UN ist das Ergebnis (96,77 Prozent stimmten bei einer angeblichen Wahlbeteiligung von 83,11 Prozent für einen Anschluss) jedoch zweifelhaft, da die Krimtataren und viele ethnische Ukrainer die Abstimmung boykottiert haben, da Menschen abstimmen durften, die keine Bürger der Ukraine sind, da manche mehrfach gewählt haben und da es keinen fairen Wahlkampf gab.

Mitten in diesen unruhigen Zeiten wird der siebtreichste Mann der Ukraine (mit einem Vermögen von etwa 1,3 Milliarden Dollar) am 25. Mai 2014 im ersten Wahlgang zum neuen Präsidenten der unabhängigen Ukraine gewählt. Hinter Petro Poroschenko landet Julija Timoschenko auf Platz zwei (54,70 Prozent für Poroschenko und 12,81 Prozent für Timoschenko). Doch selbst am Wahltag beschäftigt viele Menschen neben der Frage, wer Präsident wird, vor allem, was für ein merkwürdiger Angriffskrieg das ist, der fast zeitgleich mit dem Ende der Revolution ausgebrochen ist.

Der Oligarch Poroschenko, der mit seinem Roshen-Konzern in der ganzen Ukraine und in Russland Süßigkeiten verkauft, wird von vielen Bürger als »Schokoladen-König« bezeichnet. Er gilt als Stratege, der durch seinen TV-Sender *Kanal 5* der Orangen und der Euromaidan-Revolution zu Aufmerksamkeit verholfen hat. Er verspricht, das Assoziierungsabkommen mit der EU rasch umzusetzen. Doch obwohl er als ehemaliger Wirtschafts- und Außenminister politikerfahren ist, steht er nun vor einer völlig neuen Herausforderung. Bereits in der Nacht nach seiner Wahl werden etwa hundert russische Soldaten in Zivilfahrzeugen zum Flughafen in Donezk gefahren. Sie bringen sich auf allen Stockwerken in Stellung, lassen die Passagiere das Gebäude verlassen und übernehmen die Kontrolle der Terminals. Der erst zwei Jahre zuvor für die Fußballeuropameisterschaft errichtete moderne Flughafen wandelt sich in einen Kriegsschauplatz – wie die naheliegenden Städte Ilowajsk und Debalzewe.

Als die ukrainische Armee im Sommer 2014 von Putins Truppen besetzte Gebiete im Osten des Landes zurückerobert, liefert der Kreml weitere schwere Waffen in die sogenannten Volksrepubliken in Donezk und Luhansk. Das russische Militär schießt nun auch von russischem Staatsgebiet aus in die Kampfzone. Der geheime Angriff entwickelt sich zu einem offensichtlichen Krieg, den Putin immer noch leugnet. Konvois von bis zu zwanzig LKWs fahren mit Waffen ins Kriegsgebiet, einige werden offiziell als »humanitäre Hilfsfahrten« bezeichnet. Die gelieferten Panzer, Helikopter, gepanzerten Fahrzeuge und Raketenwerfer werden gegen die ukrainische Armee und gegen Zivilisten eingesetzt. Am 17. Juli 2014 fliegt das Passagierflugzeug MH17 von Malaysia Airlines auf seinem Weg von Amsterdam nach Kuala Lumpur über den Donbas und wird von einem dieser Raketenwerfer abgeschossen. 298 Zivilisten, die mit dem Krieg nichts zu tun haben, sterben.

Auch wegen des Abschusses des Passagierflugzeugs rückt der immer noch nicht erklärte Angriffskrieg Russlands mehr und mehr ins Zentrum internationaler Politik. Putin behauptet weiterhin, von ihm unabhängige prorussische Separatisten würden im Donbas kämpfen.[76] Petro Poroschenko weiß, dass die ukrainische der russischen Armee bei einer direkten Eskalation unterlegen wäre. Und Frankreich sowie Deutschland drängen auf eine Verhandlungslösung. Am 5. September 2014 enden erste Einigungsgespräche im belarussischen Minsk zwischen Vertretern der Ukraine, Russlands und der selbsternannten Volksrepubliken mit einem Protokoll (Minsk I), welches eine Demarkationslinie inklusive einer Sicherheitszone sowie einen Waffenstillstand festlegt. Doch weder Poroschenko noch Putin unterschreiben das Verhandlungsresultat.

Das nordöstlich vor der Hafenstadt Mariupol gelegene Dorf Sartana befindet sich in der im Minsker Protokoll definierten Sicherheitszone. Von hier bis zur offiziellen russischen Grenze sind es 45 Kilometer, bis zur Demarkationslinie 1500 Meter. Sartana, seit der Unabhängigkeitserklärung ein Teil der Ukraine, gehörte im Mai 2014 einige Wochen zur selbsterklärten Volksrepublik Donezk, dann wieder zur Ukraine. Als es damals hin- und herging, schloss der Bürgermeister Sartanas an manchen Tagen abends sein Büro ab und schaute dabei auf eine ukrainische Fahne. Am nächsten Morgen kam er zur Arbeit und sah eine russische Flagge über dem Rathaus hängen. Nächtelang seien Aktivisten die Rathauswand hinaufgeklettert, mal die einen, mal die anderen, um ihr Symbol zu platzieren. Jetzt habe die ukrainische Armee die Gegend aber unter Kontrolle, erzählt er. Westlich des Friedhofs in Sartana habe sie eine Panzer-Einheit und mehrere Checkpoints stationiert, östlich des Friedhofs beginne die selbsternannte Volksrepublik Donezk, und 300 Meter südlich des Friedhofes wohne Maria.

Es ist Dienstag, der 14. Oktober 2014, als diese Maria eigentlich gerne zu einer Beerdigung auf den Friedhof gehen würde. Die Verstorbene war eine Nachbarin, eine gute Bekannte. Und zum Friedhof ist es von ihrem Haus nicht weit. Aber die 71-Jährige bleibt dann doch lieber zu Hause. Sie kann nicht mehr richtig laufen. Ihre Hüfte und Oberschenkel schmerzen seit Jahren bei jedem Schritt. Wenn sie geht, stützt sie sich auf ihren Stock. Manchmal schafft es Maria so auf die andere Seite der Straße zum Haus ihres Bruders Nikolei oder etwas weiter die Straße runter, die immer noch nach Anatoliy Kurkchy, einem sowjetischen General benannt ist.

Am Tag der Beerdigung setzt sich Maria also lieber auf die Bank vor ihrem Haus und schaut der Zeremonie aus der Ferne zu. Bis um 14:22 Uhr, denn da beginnt, wofür die Großmutter nur schwer Worte findet. Die mehr als hundert Teilnehmer der Beisetzungszeremonie wollen den Friedhof gerade verlassen, als Raketen einschlagen, direkt neben der Menschenmenge, abgefeuert von einem BM-21-Kampffahrzeug. BM-21 ist ein in der Sowjetunion entwickeltes Mehrfach-Raketenwerfer-System, oft wird es auch *Grad* (Hagel) genannt, weil die vierzig Raketen einer Salve innerhalb von zwanzig Sekunden auf die Erde treffen und explodieren.

Nach dem ersten Einschlag sieht Maria hinter dem Baum auf der gegenüberliegenden Straßenseite Rauch aufsteigen. Sie will Richtung Friedhof laufen, nach ihrem Sohn sehen, der bei der Beisetzung dabei gewesen war, doch nach dem dritten und vierten Raketeneinschlag fliegen ihr Menschenfetzen entgegen, ihr Wohnzimmerfenster zersplittert, Teile ihres Grundstückszauns färben sich wegen des Bluts dunkelrot, auf ihrem Dach landet ein Bein. An ihrem Krückstock geht sie zurück ins Haus, legt sich in die Küche auf den Boden und verliert die Besinnung.

»Bei einem Raketentreffer sind nach Angaben der OSZE in der Ostukraine sieben Zivilisten nahe Mariupol getötet worden.« So wird im Nachrichtendeutsch der Deutschen Presseagentur (dpa) am Tag danach klingen, was Maria erlebte. Es wird keine große Meldung sein, nur drei deutsche

Zeitungen werden sie überhaupt veröffentlichen. Seit Monaten sterben immer wieder Menschen in der Ukraine, da ist das mediale Interesse nicht mehr groß.

16. Prinzip Paranoia:
Putins Lügen über die Ukraine

Maria hat einige Tage nach der Beerdigung Wasser für Kaffee und Tee aufgesetzt. Ihr Bruder Nikolei und das Paar von gegenüber, Diana und Murmant, sitzen in ihrer Stube. Maria spricht von ihrem Sohn, der halb taub noch im Krankenhaus liege. Der Bürgermeister, die OSZE und alle Soldaten, die nach dem Grad-Einschlag die Verletzten versorgt haben, sagen, die Raketen seien von Osten gekommen. Doch Marias Nachbarn, Diana und Murmant, zweifeln daran. Die beiden besitzen das Haus schräg gegenüber, dort verkaufen sie Grabsteine. Am Unglückstag waren sie nicht in Sartana. Den Krater, der vor ihrem Eingang entstand, und die Leichenteile auf dem Dach ihres Hauses sahen sie erst am Tag ihrer Rückkehr. Sie sagen, neunzig Prozent aller Bürger Sartanas hätten im Mai 2014, als die russische Fahne am Rathaus wehte, für die prorussischen Machthaber gestimmt. Sie hätten auch teilgenommen am selbst organisierten Referendum. Es sei ein Freudentag gewesen. Jetzt befürchten sie, zu Marionetten der USA zu werden.

Maria schüttelt den Kopf und stützt sich auf ihren Krückstock. Man habe das Donnern der Geschütze immer gehört, aber man habe sich auf sonderbare Weise daran gewöhnt gehabt, sagt sie. Bis zum Tag der Beerdigung sei es ein friedliches Leben in ihrem Dorf Sartana gewesen.[77]

Seit russische Streitkräfte die Ukraine angegriffen haben, ergeht es vielen Menschen wie Diana und Murmant aus Sartana. Obwohl sie darüber informiert sind, von welcher Seite ihr Dorf mit Raketen beschossen wurde, zweifeln sie an dieser und an vielen anderen Informationen. Ein Grund für diese Zweifel ist Propaganda, die der Kreml seit Jahren über ein Medienimperium in und außerhalb Russlands an ein Milliardenpublikum verbreitet – durch scheinbar journalistische Zeitungen, Bücher, TV-Kanäle, durch gezielte Kultur-, Wirtschafts- und Außenpolitik sowie durch (bezahlte) Meinungsmacher, die soziale Medien und demokratische Freiheiten missbrauchen. Wer bricht Völkerrecht mit dem Krieg in der Ukraine? Wer ist Täter? Wer Opfer? Weil falsche Antworten auf diese Fragen Teil der Hybriden Kriegführung Russlands sind, muss ein Buch über die Ukraine ein Kapitel enthalten, in dem diese Falschbehauptungen richtiggestellt werden und die Wirkweise russischer Propaganda erklärt wird. Damit diese Propaganda keinen unnötigen Raum einnimmt, gehe ich auf die am häufigsten verbreiteten Lügen des Kreml so kurz wie möglich ein:

Erstens: Es ist falsch, dass in der Ukraine ein Bürgerkrieg herrscht oder es sich um ein geteiltes Land handelt. Richtig ist: Seit der Unabhängigkeit 1991 und bereits viele Jahre davor haben die Menschen in der Ukraine friedlich in einem Staat, zu dem die Krym gehört, zusammengelebt. Seit Februar 2014 führt Russland jedoch einen Krieg in der Ukraine, für den der Kreml Zivilisten benutzt. Putin hat die sogenannten Separatisten gezielt auf diesen Krieg vorbereitet, mit Waffen ausgestattet und sie als Teil der hybriden Invasion instrumentalisiert. Bereits Monate vor der Annexion der Krym hieß es in einem Strategiepapier[78] in Moskau: »Es bietet sich an, mit Schleuderkräften verschiedener Regionen des Landes regelrecht zu spielen, mit dem Ziel, ihren Beitritt zur Russischen Föderation zu erreichen.«

Es ist **zweitens** falsch, dass die Euromaidan-Revolution eine Inszenierung der USA oder des Westens war. Genauso wie es erfunden ist, dass die Menschen auf dem Maidan Anweisungen von Neonazis oder Rechtsradikalen folgten. Richtig ist: Der Euromaidan war eine ukrainische Volksbewegung, die sich zu einer Revolution entwickelte. Bereits Anfang Dezember 2013 behauptete Wladimir Putin, der Maidan sehe wie ein Pogrom aus. Die Revolution sei von Faschisten durchgeführt worden, log der ukrainische Ex-Präsident Wiktor Janukowytsch nach seiner Flucht aus Kyjiw. Seitdem hat die russische Propaganda dieses falsche Narrativ weltweit tausendfach wiederholt. Tatsächlich beteiligten sich große Teile der jüdischen Gemeinden in der Ukraine an den Maidan-Protesten, genauso wie Mitglieder der nationalistischen Swoboda-Partei und Mitglieder linker Parteien. Auf dem Maidan war der Querschnitt der ukrainischen Gesellschaft vertreten, Männer und Frauen unterschiedlichen Alters, verschiedener politischer Einstellung. Während des gesamten Maidans gab es keinen einzigen antisemitischen Vorfall, keine einzige Verfolgung einer Minderheit.

Drittens ist es falsch, dass die Sicherheit ethnischer Russen in der Ukraine bedroht war und Russland deshalb eine präventive »militärische Spezialoperation« gegen die Ukraine durchführen musste. Richtig ist: Bis zum Beginn der russischen Invasion haben in der Ukraine seit vielen

Jahrzehnten ethnische Russen und Ukrainer friedlich miteinander in Familien-, Freundes- und Kollegenkreisen gelebt. Der Kreml konstruierte jedoch diese Lüge, für die eigene Argumentation. Als die Staatsduma und der Föderationsrat in Moskau dem russischen Präsidenten die Legitimation für ein militärisches Eingreifen in der Ukraine gaben, nannten die Abgeordneten den Schutz der dort lebenden Russen als einen Hauptgrund.

Falsch ist **viertens** ebenso, dass ukrainische Soldaten das Passagierflugzeug MH17 abgeschossen hätten, dass **fünftens** die Ukraine keine Nation sei. Falsch ist **sechstens** die Behauptung, die Ukraine sei ein gescheiterter Staat. Es stimmt **siebtens** nicht, dass die russische Armee keine zivilen Ziele bombardiere. Es ist **achtens** gelogen, dass die Ukraine erst durch die Sowjetunion entstanden sei (siehe Kapitel 1 bis 7). Genauso erfunden sind **neuntens** die Behauptungen, die ukrainische Regierung habe einen Völkermord im Donbas geplant oder **zehntens** Russland angegriffen. Die Liste der russischen Lügen über die Ukraine ließe sich mit unzähligen Beispielen fortschreiben. Interessanter sind jedoch fünf Methoden, die einen großen Teil der durch den Kreml weltweit verbreiteten Desinformation kennzeichnen:

Methode 1: Lügen

Bereits im Jahr 2000 erklärte Wladimir Putin, wie sich seiner Meinung nach in einer Echtzeit-Medienwelt Menschen und Staaten am besten manipulieren lassen: Geheimdienste müssten Informationen »künstlich erstellen«, sagte er kurz nach seiner ersten Wahl zum Präsidenten in einem Interview.[79] Seitdem hat die russische Regierung viele Wege gefunden, Putins Idee des Erfindens von Informationen mit der Beeinflussung von Gesellschaften zu verbinden. Ein Grund für den Erfolg des Prinzips Lüge ergibt sich aus der Arbeitsweise vieler Journalisten: Als parteilose Berichterstatter versuchen sie, so oft wie möglich beide Seiten einer Geschichte zu erzählen – auch wenn eine der beiden Seiten von der Realität extrem weit entrückt, weil frei erfunden ist. Als Resultat verorten Leser oder Zuschauer die Wahrheit irgendwo in der Mitte zwischen beiden Seiten, und damit sehr viel näher an der Lüge.

Methode 2: Geschichtsfälschung

Das Wort *Ukraine* bedeutet im Slawischen *Grenzland*. Und so haben es russische Zaren und Machthaber Jahrhunderte lang auch behandelt, als *ihr* Grenzland. Unter Stalin wurde dies ideologisch aufgeladen, indem die Waräger, die die Rus errichteten, als frühe Steigbügelhalter eines westlichen Imperialismus beschrieben wurden. In Jahrhunderte altem Stoff wie diesen sucht und findet Putin seit Jahren passende propagandistische Versatzstücke. Neu ist das wie viele Methoden der russischen Propaganda nicht. Geschichtspolitik wurde seit jeher auch von anderen Diktatoren als Instrument zur Stärkung der eigenen Nation genutzt. Unter Putin hat die Politik mit gefälschter Geschichte jedoch besonders Methode. Egal, ob er behauptet, Kyjiw sei das alleinige Zentrum Russlands gewesen, Polen sei mitverantwortlich für den Ausbruch des Zweiten Weltkrieges, die Krym gehöre zu Russland oder jeder, der gegen Stalin kämpfte, sei ein Nazi gewesen (da Stalin gegen die Nazis gekämpft habe). Bei dieser Propagandamethode, die eine besondere Form der Methode

Lüge ist und oft in Kombination mit der Methode Expertenmeinung umgesetzt wird, werden in der Vergangenheit liegende Fakten gefälscht, um durch diese Lügen aktuelle Rechtsbrüche oder imperiale Handlungen zu legitimieren.

Methode 3: Expertenmeinung

Die Ukraine werde den Gebrauch der russischen Sprache verbieten. Der ehemalige Premierminister der Ukraine sei in die USA geflohen, da er in der Ukraine Angst um seine Sicherheit habe. Die Ukraine werde Russland beitreten. Das sind drei veröffentlichte *Fake News made in Russia*. Um mehr Glaubwürdigkeit zu erzeugen, werden in den jeweiligen Artikeln Experten zitiert, die die Falschmeldungen bezeugen oder erklären. Genutzt wird diese Form der Manipulation auch, um etwa ausländischen Politikern zu schaden. Emmanuel Macron sei heimlich schwul, lautete beispielsweise eine Propagandameldung russischer Medien, in der ein vermeintlicher Experte sich zu der erfundenen Information äußert. Die Falschmeldung schaffte es in mehr als 17 000 TV-Beiträge, Artikel, Blogeinträge und Posts auf sozialen Medien.[80] Eine ähnliche Praxis ist das aus der Werbung bekannte Prinzip des Testimonials. Hier werden nicht primär Experten zitiert, sondern Prominente (etwa Schauspieler, Politikerinnen oder Philosophen) motiviert, sich öffentlich im Sinne russischer Propaganda oder als Putin-Versteher zu äußern.

Methode 4: Verschweigen

Bereits zur Zeit der Sowjetunion war diese Methode eine der am häufigsten genutzte, um die Öffentlichkeit zu beeinflussen. So sollten der Holodomor oder anfangs das

Ausmaß der Katastrophe von Tschernobyl einfach verschwiegen werden. Eine Information, die nicht existiert, kann nicht schaden – so das falsche Kalkül dahinter. Wie damals versucht Putin heute, bestimmte Ereignisse zu verschweigen (etwa den Einmarsch eigener Soldaten auf der Krym) und mögliche Quellen oder Journalisten zum Schweigen zu bringen. Sie werden gezielt getötet (Anna Politkowskaja, Georgij Gongadse) oder öffentlich eingeschüchtert, bedroht, diffamiert und beschimpft. Beispiele von deutschen Journalisten, die 2014 über die Ukraine berichteten: »Hetzfresse« (die Journalistin Katrin Eigendorf vom ZDF); »Widerliche Propagandapuppe« (die TV-Korrespondentin Golineh Atai); »Man möge ihm die Hände mehrfach brechen oder gleich abhacken!« (über den Autor dieses Buches).[81]

Methode 5: Paranoia fördern

Obwohl es durch das Internet und neue Techniken immer mehr Wissen und jederzeit verfügbare Fakten gibt, haben viele Menschen das Gefühl, nicht in einem Informations-, sondern in einem Desinformationszeitalter zu leben. Ziel russischer Propaganda ist genau dies. Sie möchte die Öffentlichkeit häufig nicht direkt und ausschließlich von einer eigenen Botschaft überzeugen, sondern Fakten unterminieren. Anstatt das Publikum zum Handeln zu bewegen, soll es abgelenkt, passiv, desinteressiert und paranoid werden. Dafür werden so viele Falschmeldungen und Widersprüche kreiert wie möglich und unter anderem im Internet über Websites, Apps und Fake-Accounts in sozialen Medien möglichst schnell verbreitet. Im Bewusstsein des Einzelnen soll eine Wahrnehmungskrise erzeugt wer-

den. Sie oder er soll das Gefühl bekommen, in postfakti-
schen Zeiten zu leben und gar nichts mehr glauben. Denn
Menschen, die durch Des- oder Überinformation jede
Nachricht hinterfragen, zweifeln auch an den Säulen einer
Demokratie. Sie verlieren das Vertrauen in die Medien,
die Justiz, das Parlament, die Regierung. Mit wachsendem
Misstrauen höhlen sie so die Glaubwürdigkeit des gesamten demokratischen Systems immer weiter aus – und (so
die Hoffnung des Kreml) sehnen sich irgendwann weg von
diesem liberalen Chaos hin zu einem starken Führer wie
Putin.[82]

17. Brauche Munition, keine Mitfahrgelegenheit: Die Wandlungen des Wolodymyr Selenskyj

Freitag, 19. April 2019, zwei Tage vor der Entscheidung über seine berufliche Zukunft steht er kurz vor 19 Uhr frisch rasiert im dunkelgrauen Anzug im größten Fußballstadion Kyjiws. Er grinst. Zehntausende Zuschauer auf den Tribünen und dem Rasen; Menschen, die sich ukrainische Flaggen umgehängt und Brotdosen mit Radieschen und Fleisch mitgebracht haben; zwei Bühnen, Lautsprecher, Videoleinwände – all das war seine Idee. Er, Wolodymyr Selenskyj hat diesen Wahlkampf-Showdown im Stadion kurz vor dem Wahlsonntag vorgeschlagen.

Der Schokoladen-König gegen den Komödianten; der Oligarch gegen den Schauspieler (den ein anderer Oligarch unterstützt); der noch amtierende Präsident gegen seinen zwölf Jahre jüngeren Herausforderer; Poroschenko gegen Selenskyj. Viel mehr Duell geht nicht. Allein dass es nach dem Angriff Putins auf die Ukraine überhaupt so einen demokratischen Zweikampf in der ukrainischen Hauptstadt gibt, ist ein gutes Zeichen. Dass er den ersten Wahlgang bereits (mit 72 Prozent) klar vor Petro Poroschenko (16 Prozent) und Julija Tymoschenko (13 Prozent) gewonnen hat, für ihn ebenso.

Was haben sie ihm bis zu diesem Tag nicht alles vorgeworfen: Als Jurist, Komiker, Schauspieler und Fernsehproduzent habe er in seinem Leben keine politischen

Erfahrungen gesammelt, haben sie gesagt. Niemand wisse, was man von ihm, dem 41-jährigen Nobody, erwarten könne, haben sie behauptet. Er sei ein Diener des Oligarchen Ihor Kolomojskyj, eine Gefahr für die Ukraine, haben sie über ihn gelästert. Als koksende russische Marionette wollten sie ihn diffamieren. Aber im Wahlkampf hat er sie alle eines Besseren belehrt. Bis zur Silvesternacht galt noch die ehemalige Premierministerin Tymoschenko als Favoritin. Nur wenige hatten bis dahin ernsthaft mit ihm gerechnet. Doch dann hatte er, der Fernsehstar, fast zur gleichen Zeit, als Poroschenko seine Neujahrsansprache im Fernsehen hielt, seine Kandidatur verkündet – auf dem beliebten TV-Kanal 1+1 von Kolomojskyj. Mit fast allen Gepflogenheiten eines normalen Wahlkampfs hatte er danach gebrochen. Er hatte keine Flyer verteilen lassen. Er hatte sich keinen kritischen Fragen von Journalisten gestellt, sich bis zum heutigen Stadionauftritt geweigert, öffentlich mit Poroschenko zu debattieren. Er war auch nicht durch die vielen Fernsehsender des Landes getourt. Hatte er alles nicht gebraucht. Zum Erfolg haben ihm der TV-Kanal von Kolomojskyj, das Internet, wo ihm allein auf Instagram 3,8 Millionen Abonnenten folgen, und vor allem seine TV-Serie genügt.

Kolomojskyj ist zwar an diesem Abend nicht im Stadion, jedoch präsent. Bevor Poroschenko im Mai 2014 zum Präsidenten gewählt wurde, kontrollierte dieser Kolomojskyj neben Flughäfen und Airlines die *Privat Bank*, das größte Geldinstitut der Ukraine. Mit einem persönlichen Vermögen von mehr als einer Milliarde Dollar zählte er zu den einflussreichsten Oligarchen des Landes. Die von ihm finanzierten Bataillone Dnipro und Asow gelten seit

2014 als wichtige Stütze der ukrainischen Armee. Auch im Gas- und Ölgeschäft der Ukraine redete Kolomojskyj, der wie Selenskyj aus der Region Dnipro stammt, mit. Was in den staatlichen Firmen *UkrTransNafta* und *UkrNafta* passierte oder auch nicht passierte, hing auch von ihm ab. In seinem Büro hielt er sich in einem riesigen Aquarium einen gut fünf Meter langen Hai, den er gern selbst fütterte. Poroschenko hatte es zu Beginn seiner Amtszeit gewagt, Kolomojskyj zu entmachten und die *Privat Bank* verstaatlicht. Eine als *Anti-Kolomojskyj-Gesetz* bekannte Neuregelung begrenzte die Macht des Oligarchen im Gas- und Ölgeschäft. Der Hai brauchte danach ein neues Zuhause. Und wie reagierte Kolomojskyj, nachdem er das Land verlassen hatte? Dreizehn Mal lud er Selenskyj in seine neuen Wohnorte nach Wien und Tel Aviv ein, um sich mit ihm zu beraten.

Diener des Volkes heißt die Serie, in der Selenskyj auf Kolomojskyjs TV-Sender seit zwei Jahren Teil des Alltags vieler Ukrainer geworden ist. Als etwas ungeschickter, aber ehrlicher Lehrer, der im Fernsehen plötzlich Überraschungspräsident wird, sogleich die Korruption in seinem Land bekämpft und unfähige Politiker entlässt, ist Selenskyj zur Berühmtheit geworden. Und was in der fiktiven Welt des Fernsehens passierte, kann nun Wirklichkeit werden, aus Reality-Show kann *reality* werden.

Auf der Bühne im Fußballstadion läuft Poroschenko im hellen Hemd auf Selenskyj zu. Schon zu Beginn der Debatte gestikuliert er, als gehe es um alles. Er spricht mit der Entschlossenheit eines Generals, reißt immer wieder seine Fäuste in die Luft. Selenskyj grinst erneut. »Ich bin kein

Politiker«, sagt er, »ich bin einfach ein normaler Mensch, der gekommen ist, um dieses System zu stürzen.« Dann liest er Fragen an Poroschenko, die seine Facebook- und Instagram-Fans ihm mitgegeben haben, vom Blatt ab. »Wie kann es sein, dass die Ukraine das ärmste Land Europas ist und den reichsten Präsidenten hat?« Es müsse in Wahrheit zwei Poroschenkos geben, setzt Selenskyj nach. Der eine Poroschenko versprach, den Krieg in zwei Wochen zu beenden. Der andere habe das bis heute nicht geschafft. Der eine Poroschenko versprach vor den vergangenen Wahlen, seinen Schokoladenkonzern zu verkaufen. Der andere habe es bis heute nicht getan. Er selbst hätte 2014 Poroschenko gewählt, gibt Selenskyj zu, aber nun sei es Zeit, diesen Fehler zu berichtigen.

Poroschenko schüttelt den Kopf. Als »Jahrtausend-Dokument« bezeichnet er den Tomos, jene durch seine Hilfe entstandene Urkunde, die die Unabhängigkeit der ukrainischen von der russischen Kirche besiegelt. Kirchenrechtlich sei die Nation durch die Anerkennung des Patriarchen von Konstantinopel nun eigenständig. Einige Zuschauer jubeln, andere nicht. Selenskyj grinst. In den Augen vieler Zuschauer wirkt er dynamischer und glaubwürdiger. Er und nicht Poroschenko, der schon vor mehr als zwanzig Jahren erstmals ins Parlament gewählt wurde, verkörpert die Sehnsucht nach einem Neuanfang für die Ukraine, einen Neubeginn, den sie sich schon nach der Euromaidan-Revolution gewünscht haben.

Trotz vieler Enttäuschungen seitdem, trotz oder gerade wegen des Kriegsbeginns vor fünf Jahren ist die Ukraine im Wahlkampfjahr 2019 geeinter als je zuvor. Ähnelten Präsidentschaftswahlen vor dem Volksaufstand noch dem

Richtungswechsel eines Pendels, schwenkt das Land jetzt nicht mehr zwischen Ost und West hin und her. Eine an russischen Interessen ausgerichtete Regierung ist nicht mehr mehrheitsfähig. Selenskyj strebt wie Poroschenko den EU-Beitritt an. Ginge es in der Politik nur um Inhalte, könnten beide Männer in einer Partei agieren.

Nach dem Rededuell im Stadion stimmt ein Sänger die Nationalhymne an. Poroschenko legt seine rechte Hand auf seine Brust. Selenskyj macht es ihm nach. Sie singen zusammen mit den Bürgern. Und zwei Tage später kommt es so, wie Wolodymyr Selenskyj es gehofft hat. Er, ein TV-Produzent, der niemals ein öffentliches Amt innehatte, der seit zwei Jahren einen Präsidenten in einer Fernsehserie spielt, wird in einer weitestgehend fairen Wahl als Nachfolger eines vergifteten Präsidenten (Juschtschenko), eines Präsidenten, der nach Russland floh (Janukowytsch) und als Poroschenkos Nachfolger zum jüngsten und zum ersten jüdischen Staatsoberhaupt der Ukraine gewählt. »Als ein Bürger der Ukraine sage ich in alle Länder der früheren Sowjetunion: Schaut zu uns. Alles ist möglich«, verkündet Selenskyj nach seinem Sieg.

Gut möglich auch, dass Wladimir Putin und Aljaksandr Lukaschenka diesen Satz gehört oder gelesen haben. Drei Tage nach der Wahl hat Putin Selenskyj jedenfalls immer noch nicht zum Wahlerfolg gratuliert. Stattdessen verkündet er, russische Pässe im besetzten Donbas verteilen zu lassen. Dort lebende Ukrainer werden vom Kreml damit als eigene Bürger angesehen – eine diplomatische Kampfansage an den neuen ukrainischen Präsidenten. Der reagiert zunächst mit innenpolitischer Entschlossenheit. **Die erste Wandlung** des ausgebildeten Juristen vom Theater- und TV-Entertainer zu einem Politiker vollzieht sich schnell. Bei seiner ersten Rede vor dem Parlament wirkt er zwar unerfahren, handelt aber zielstrebig. Seine Wahl beweise, dass die Ukrainer erfahrene, pompöse »System-politiker«, die in 28 Jahren ein Land geschaffen haben, in dem es zahlreiche Möglichkeiten der Bestechung und des Diebstahls gibt, satthätten, sagt er vor den Abgeordneten. »Wir werden ein Land anderer Möglichkeiten aufbauen«, kündigt er an, »ein Land, in dem alle vor dem Gesetz gleich und alle Regeln ehrlich und transparent sind, für alle.« Deshalb möchte er in den Büros der Abgeordneten keine Porträtaufnahmen von ihm hängen sehen, sagt Selenskyj. Ein Präsident sei keine Ikone. Er empfiehlt den Parlamen-tariern, lieber Fotos ihrer Kinder aufzuhängen und wenn sie eine Entscheidung zu treffen haben, ihren Kindern in die Augen zu schauen. Seine Rede beschließt der in der Großstadt Krywyj Rih geborene Selenskyj mit einer Reihe von Aufforderungen. Er bittet die Regierung zurückzu-treten. Dem Parlament empfiehlt er, in den nächsten zwei Monaten Gesetze zur Korruptionsbekämpfung zu ver-abschieden, den Leiter des Sicherheitsdienstes, den Ge-neralstaatsanwalt sowie den Verteidigungsminister zu entlassen. Noch gar nicht richtig im Amt angekommen, zwingt er die Abgeordneten mit der Auflösung des Parla-ments zu vorgezogenen Neuwahlen, die seine Partei aus dem Nichts kommend mit 254 von 424 Sitzen gewinnen wird. Selbst Kritiker sind beeindruckt. Bei einer Personal-entscheidung provoziert Selenskyj jedoch ihr Misstrauen. Ausgerechnet den ehemaligen Anwalt Kolomojskyjs er-nennt er zu seinem Chef der Präsidialverwaltung.

Fast auf den Tag genau zwei Jahre nach seiner Antrittsrede im Parlament wird im ukrainischen *Fokus*-Magazin ein Text veröffentlicht. Überschrift: »Was bedeutet die Politik der Ent-Oligarchisierung in der Ukraine und wer wird als Nächstes dran sein?« Autor: Wolodymyr Selenskyj. Den ehemaligen Anwalt Kolomojskyjs hat er bereits vor drei Monaten als Chef der Präsidialverwaltung entlassen. Doch nun, in der zweiten Phase seiner Präsidentschaft, will er seinen pragmatischen, pathoslosen, reformorientierten, manchmal chaotischen Politikstil erweitern. Aus seiner Sicht ist es nun Zeit, Ernst zu machen. Er wandelt sich von einem gewählten Präsidenten zu einem Staatsoberhaupt, das sein Land grundlegend verändern will. Und um das zu beweisen, will er die Ukraine nicht vom Einfluss irgendeines Oligarchen befreien. Nachdem sein erstes persönliches Aufeinandertreffen mit dem russischen Präsidenten in Paris keine echten Fortschritte im anhaltenden Krieg gebracht hat, Putin im April 2021 sogar mehr als ein Dutzend Kriegsschiffe ins Schwarze Meer und erneut etwa hunderttausend Soldaten an die Grenze zur Ukraine geschickt hat, will Selenskyj auch ein Signal Richtung Kreml senden. Und für dieses Signal eignet sich niemand besser als der ukrainische Parlamentsabgeordnete Wiktor Medwedtschuk. Der in Russland geborene, im Hintergrund oft großspurig auftretende Medwedtschuk hat sein auf 78 Millionen Dollar geschätztes Vermögen in den 1990er Jahren als Teil des Kyjiwer Clans gemacht. Genauso lange soll er sehr gut mit Wladimir Putin befreundet sein. Putin ist der Patenonkel von Medwedtschuks Tochter.[83]

Von der Generalstaatsanwaltschaft wird Medwedtschuk, der Russland im Donbas nicht für den »Angreifer« hält und laut politischen Gegnern für Wahlfälschungen vor der Orangen Revolution verantwortlich sein soll, des Hochverrats beschuldigt und unter Hausarrest gestellt. Er soll geheime Angaben über ukrainische Truppenpositionen im Donbas an den Kreml weitergeleitet und ein Erdgasfeld im Asowschen Meer in russische Zuständigkeit überführt haben. Und obwohl Direktflüge wegen des Krieges zwischen Kyjiw und Moskau verboten sind, konnte Medwedtschuk häufig ungehindert im Privatjet von der ukrainischen Hauptstadt zu seinem Freund nach Russland fliegen.[84] Damit soll nun Schluss sein. Zur Umsetzung der Ent-Oligarchisierung nutzt Selenskyj den ihm unterstellten Nationalen Sicherheitsrat, der ein Oligarchenregister einführt. Durch ein neues Lobbygesetz soll erstmals transparent werden, wer überhaupt ein Oligarch ist. Alle, die ein Vermögen von mehr als 77 Millionen Euro und ein Unternehmen mit Monopolmacht besitzen, wichtigen Einfluss auf Medien haben, am politischen Leben des Landes teilnehmen oder drei dieser vier Kriterien erfüllen, gelten demnach als Oligarchen. Ihnen wird verboten, Parteien zu finanzieren. Die Ironie, dass ein Präsident dieses Gesetz initiiert, der durch die Unterstützung eines Oligarchen ins Amt gekommen ist, gehört dank Selenskyj von nun an zur Geschichte der Ukraine.

Ein weiteres Zeichen der Souveränität, nun gegenüber den beiden totalitären Nachbarstaaten, setzt der Präsident als Reaktion auf eine Festnahme: Raman Pratassewitsch, ein 26-jähriger belarussischer Blogger und Aktivist, will am Sonntag, den 23. Mai 2021 mit seiner Freundin von Athen nach Vilnius fliegen. Im Revolutionswinter 2013/2014 hatte Pratassewitsch auf dem Euromaidan in

Kyjiw demonstriert. Danach hat er über die Telegram- und YouTube-Kanäle *Nexta* in Belarus zu Demonstrationen gegen den Wahlfälscher Lukaschenka aufgerufen. Er ist jung, aber in den Augen des Machthabers in Belarus ein wichtiger Dissident. Bereits bevor Pratassewitsch an Bord des Ryanair-Fluges geht, wird er am Flughafen in Griechenland von einem unbekannten Mann auf Russisch angesprochen. Der Mann versucht, Pratassewitschs Pass zu fotografieren und verschwindet wieder. Während des Linienfluges zwischen den beiden EU-Hauptstädten wird der Pilot der Boeing 737-800 von einem Funkspruch überrascht und kurz vor dem Ziel unter dem Vorwand einer Bombendrohung zu einer Zwischenlandung in Belarus gedrängt. Der Pilot ändert den Kurs, das Passagier-Flugzeug landet in Minsk, und Pratassewitsch sowie seine 24-jährige Freundin werden von Lukaschenkas Handlangern verhaftet.

Obwohl Belarus ein wichtiger Handelspartner für die Ukraine ist, obwohl etwa die Hälfte des ukrainischen Benzins aus Belarus importiert wird, obwohl Lukaschenka mit allen Präsidenten der Ukraine seit Leonid Kutschma befreundet war oder ist, und obwohl es ein Sicherheitsrisiko sein könnte, schließt sich Selenskyj als Reaktion auf die Inhaftierung Pratassewitschs den EU-Sanktionen gegen Lukaschenkas Regierung an. Er lässt den ukrainischen Luftraum für Maschinen aus Belarus sperren und stoppt vorübergehend sogar den Import von Strom aus dem Nachbarland.

Nun kann Selenskyj gewiss sein, dass Putin und Lukaschenka seine Worte und Entscheidungen zur Kenntnis nehmen. Innenpolitisch hat er den Oligarchen mit Verbindungen nach Moskau den Krieg erklärt. Außenpolitisch hat er sich klar gegen die autoritären Herrscher der ehemaligen sowjetischen Republiken positioniert. Egal ob seine Kritiker diese Handlungen für mutig oder rücksichtslos halten – Selenskyj macht als ukrainischer Präsident nun wirklich Ernst.

Montag, 21. Februar 2022, 21:40 Uhr Moskauer Zeit: Das russische Staatsfernsehen ändert das Programm und zeigt Wladimir Putin, der vor einer russischen Flagge an einem Schreibtisch sitzt. Die Ukraine sei »nicht einfach ein Nachbarland«, sagt der russische Präsident. Sie sei »integraler Bestandteil unserer eigenen Geschichte, unserer Kultur, unseres geistigen Raums«. Putin behauptet, es gehe »um unsere Leute«, die Bewohner der »historischen altrussischen Lande« hätten sich seit jeher »Russen und Orthodoxe« genannt. Seiner Meinung nach wurde die heutige Ukraine »voll und ganz und ohne jede Einschränkung von Russland geschaffen«. Ukrainische Gebiete gehörten deshalb mitsamt ihrer Bevölkerung »zum historischen Russland«. Putins Worte, die er in seiner fast einstündigen Rede über viele TV-Kanäle verbreiten lässt, sind Fälschungen und Verdrehungen historischer Fakten (siehe Kapitel 16). Er spricht übers Mittelalter, über den Beginn der Sowjetunion, über Lenin, Stalin, Chruschtschow. Seiner Meinung nach ist das Territorium der Ukraine das Resultat »großzügiger Geschenke« russischer Machthaber. Rund 250 Milliarden US-Dollar seien von 1991 bis 2013 von Russland in den ukrainischen Staatshaushalt geflossen, behauptet er. Doch statt Partnerschaft habe in der Ukraine »Schmarotzertum« überwogen. Die USA hätten danach, so Putin,

»eine Million Dollar pro Tag« für den »Staatsstreich« Euromaidan bezahlt, durch den »eine Welle von Pogromen und Gewalt« durch ukrainische Städte gefegt sei. Doch die Ukraine habe bis heute keine »echte Staatlichkeit«, sie sei eine »Kolonie mit einem Marionettenregime an der Spitze«.

In nie dagewesener Form lässt Putin vor der Weltöffentlichkeit alle Masken fallen. Er kündigt an, in einer »längst überfälligen Entscheidung« die beiden besetzten Regionen in der Ukraine als eigene Staaten anzuerkennen. Und er droht: »Eine Überwindung des Kommunismus wollt ihr? Alles klar, einverstanden. Aber dann bitte nicht auf halbem Weg stehen bleiben. Wir zeigen euch, was eine echte Überwindung des Kommunismus für die Ukraine bedeutet.«[85]

In den frühen Morgenstunden des nächsten Tages rollen aus Russland kommende Panzer und Militärfahrzeuge ohne Kennzeichen durch die Außenbezirke von Donezk. An der Kontaktlinie, wo bereits 14 400 Menschen ihr Leben in diesem Krieg gelassen haben, brechen neue Gefechte aus. Mindestens zwei ukrainische Soldaten und ein Zivilist werden getötet und viele andere verletzt. In Kyjiw tritt Selenskyj nach einem Besuch des estnischen Präsidenten zusammen mit seinem Gast vor Journalisten und TV-Kameras. Nach Putins Rede habe er mit dem französischen, dem polnischen, dem britischen, dem deutschen und mit dem Präsidenten der USA telefoniert, sagt er. Den Ausnahmezustand habe er noch nicht erklärt. Aber nun könne es zu einer gewaltigen Tragödie kommen. Selenskyj ergänzt: »Wir sind kein Mitglied der EU oder der Nato, aber wenn es bei uns zu einer großen Invasion kommt, werden alle darunter leiden.«

Am nächsten Tag, es ist **Mittwoch, der 23. Februar 2022**, kommt es in den Regionen Luhansk und Donezk bei zunehmenden Gefechten zu Explosionen. Der Kreml zieht sein diplomatisches Personal aus allen Vertretungen in der Ukraine ab. Selenskyj entschließt sich, ab Mitternacht den Ausnahmezustand auszurufen und indirekt auf Putins geschichtsfälschende Rede über die Ukraine zu antworten. Da er vergebens versucht habe mit Putin zu telefonieren, wende er sich nun direkt an die Menschen in Russland, sagt er in einer knapp zehnminütigen Rede: »Uns trennt eine mehr als 2000 Kilometer lange Grenze. Entlang dieser gesamten Grenze stehen heute Ihre Truppen – fast 200 000 Soldaten, Tausende Kampffahrzeuge. Die Führung Ihres Landes hat verfügt, dass sie vorrücken, auf das Staatsgebiet eines anderen Landes. Dies kann der Beginn eines großen Krieges auf dem europäischen Kontinent sein. [...] Ihnen sagt man, wir seien Nazis. Aber wie kann ein Volk Nazis unterstützen, das für den Kampf gegen die Nazis acht Millionen Menschen geopfert hat? Wie könnte ich ein Nazi sein? Erzählen Sie das einmal meinem Großvater, der den gesamten Krieg in der sowjetischen Armee gekämpft hat. [...] Viele von Ihnen waren schon in der Ukraine. Viele von Ihnen haben Familie in der Ukraine. Manche haben an ukrainischen Hochschulen studiert, haben ukrainische Freunde. Sie kennen die Menschen bei uns, Sie kennen unsere Prinzipien. Sie wissen, woran uns liegt. Hören Sie in sich hinein, hören Sie auf die Stimme der Vernunft, auf den gesunden Menschenverstand. Hören Sie uns: Das Volk der Ukraine will Frieden. Die Staatsführung der Ukraine will Frieden [...] Wir sind nicht alleine. Es stimmt: Viele Länder unterstützen die Ukraine. Warum? Weil es nicht um Frieden um jeden Preis geht. Es geht um Frieden und um Prinzipien, um Gerechtigkeit. Um Völkerrecht und um das Recht auf Selbstbestimmung. Das Recht, seine Zukunft selbst zu gestalten. Das Recht jeder Gesellschaft auf Sicherheit. Das Recht jedes Menschen auf ein Leben ohne Bedrohungen. All das ist wichtig für uns. All das ist wichtig für die gesamte Welt. Ich weiß, dass es auch für Sie wichtig ist. Wir wollen keinen Krieg, keinen kalten, keinen heißen und keinen hybriden. Doch wenn wir von einer Armee angegriffen werden, wenn man versucht, unser Land zu rauben, unsere Freiheit, unsere Leben, das Leben unserer Kinder, dann werden wir uns verteidigen. Nicht angreifen, verteidigen. Wenn Sie angreifen, werden Sie unsere Gesichter sehen, nicht unseren Rücken. [...] Ich weiß, dass meine Ansprache im russländischen Fernsehen nicht gezeigt werden wird. Aber die Bürger Russlands sollten sie sehen. Sie sollten die Wahrheit kennen. Die Wahrheit ist, dass es jetzt gilt innezuhalten. Noch ist es nicht zu spät.«[86]

In der Nacht auf **Donnerstag, den 24. Februar 2022** überschlagen sich die Ereignisse.

1:50 Uhr: Russland habe mit dem Einmarsch in die Ukraine begonnen, sagt der US-Außenminister Tony Blinken.

4:20 Uhr: In Kyjiw sind Explosionen zu hören.

4:29 Uhr: Er habe beschlossen, eine »Sonder-Militäroperation« durchzuführen, teilt Putin im Fernsehen mit. Er strebe damit »die Entmilitarisierung und Entnazifizierung« der Ukraine an.

4:40 Uhr: Selenskyj ruft in einem 67 Sekunden langen Video auf Instagram die Bevölkerung dazu auf, zu Hause zu bleiben. In vielen Städten seien Explosionen zu hören. Er sagt: »Wir sind stark. Wir sind zu allem bereit. Wir werden siegen.«

5:04 Uhr: Russische Raketen schlagen in fast allen Teilen der Ukraine ein. Der ukrainische Außenminister spricht von einem »groß angelegten Krieg«, in dem Russland auch vom Wasser aus angreife. Es gebe Landungsoperationen der Schwarzmeerflotte im Asowschen Meer und in Odesa.

5:05 Uhr: UN-Generalsekretär António Guterres ruft den russischen Präsidenten auf, die Angriffe einzustellen und dem Frieden eine Chance zu geben.

5:36 Uhr: Die Ukraine verhängt landesweit das Kriegsrecht.

5:40 Uhr: Von Donezk aus und in der Luhansk-Region werden Raketen und großkalibrige Munition auf ukrainische Stellungen gefeuert.

6:07 Uhr: In der Hafenstadt Mariupol, zu der auch das Asow-Stahlwerk gehört, kommt es zu starken Explosionen.

6:42 Uhr: Ukrainische Grenztruppen melden auch aus Belarus Angriffe. Ein russisches Flugzeug wird abgeschossen.

6:51 Uhr: Ukrainische Einheiten, militärische Kontrollzentren und Flugfelder im Osten des Landes seien unter intensivem Beschuss, teilt das ukrainische Verteidigungsministerium mit.

7:16 Uhr: Laut ukrainischem Katastrophenschutz wird auch die Region Lwiw im Westen beschossen.

8:11 Uhr: Russische Militärkolonnen rücken über die nördliche Grenze bei Tschernihiw, über die nordöstliche

Grenze bei Charkiw und in der östlichen Region Luhansk vor.

8:12 Uhr: Laut ukrainischen Angaben wurden bis zu diesem Zeitpunkt bereits sieben Menschen durch russischen Beschuss getötet. Weitere Menschen seien verletzt worden.

9:42 Uhr: Die ukrainische Regierung ruft alle einsatzfähigen Ukrainer zu den Waffen. Die Polizei informiert, es würden Waffen an Veteranen ausgegeben. Wer außerdem bereit und in der Lage sei, eine Waffe zu halten, könne sich den Streitkräften anschließen, sagt der Verteidigungsminister.[87]

Auch die **dritte Wandlung** des Wolodymyr Selenskyj vom Politiker zum Kriegspräsidenten vollzieht sich schnell, gezwungenermaßen. Monatelang hatte er Warnungen der USA vor einem Angriff dieser Art gehört. Doch jetzt kann er kaum glauben was passiert. Noch vor Sonnenaufgang hört sich Selenskyj einen ersten Statusbericht seines obersten Generals an. Er erfährt, dass russische Fallschirmjäger auch in Kyjiw gelandet sind. Ihre Ziele: Er und seine Familie, tot oder lebendig. Er geht gemeinsam mit seiner Frau zu ihrem neunjährigen Sohn und der 17-jährigen Tochter. Sie wecken die Kinder und erklären, dass ein noch größerer Krieg begonnen habe. Die Präsidentenbüros in Kyjiw seien nun nicht die sichersten Orte, sagen Selenskyjs Berater. Doch er bleibt. Die Sicherheitsbeamten versuchen den in Sowjetzeiten errichteten Gebäudekomplex und die umliegenden Straßen mit Barrikaden, Sperrholzplatten und allem, was hilft, abzuriegeln. Die Schutzsperren erinnern an die Befestigungen des Euromaidan. Freunde und Kollegen versammeln sich um Selenskyj, einige bringen ihre Familien mit auf das Gelände der Präsidialverwaltung. »Wir haben gespürt, wie die Ordnung der Welt zusammenbricht«, wird sich Ruslan Stefantschuk später an diese Stunden erinnern.[88] Als Parlamentspräsident müsste er laut Verfassung das Land lenken, sollte Selenskyj getötet werden. Doch auch Stefantschuk fährt zu Selenskyj in die Räume in der Bankova-Straße. Von dort veröffentlicht der Präsident noch am Vormittag ein erstes Statement via Twitter: »Russland hat unseren Staat an diesem Morgen verräterisch angegriffen, wie es Nazideutschland in den Jahren des Zweiten Weltkrieges tat. Ab heute befinden sich unsere Länder auf verschiedenen Seiten der Weltgeschichte.«

Als die Sonne an diesem 24. Februar untergeht, kommt es auch rund um das Regierungsviertel zu Schießereien. Alle Lichter innerhalb des Geländes werden von ukrainischen Beamten ausgeschaltet. Selenskyj und etwa ein Dutzend seiner Helfer ziehen sich kugelsichere Westen über und bekommen automatische Sturmgewehre in die Hände, mit denen sie eigentlich gar nicht umgehen können. Über sichere Telefonleitungen bieten US-amerikanische und britische Experten an, Selenskyj und sein Team zu evakuieren. Er könnte nach Polen gehen, wo sie mithelfen würden, eine Exilregierung zu bilden. Jedenfalls solle er erstmal in einen sicheren Bunker außerhalb der Stadt fahren. Seine Leibwächter drängen Selenskyj, das Angebot anzunehmen. Zwei Mal versuchen Mitglieder russischer Spezialeinheiten das Gelände der Präsidialverwaltung zu stürmen. Aber in dieser Nacht hat Selenskyj bereits begriffen, was von ihm in der neuen Rolle des Oberbefehlshabers der Ukraine verlangt wird. Gegenüber den Verbündeten aus den USA sagt er einen der Sätze, die später um die Welt gehen werden: »Ich brauche Munition, keine Mitfahrgelegenheit.«

Tag zwei der großen Invasion, **Freitag, der 25. Februar 2022**, beginnt mit Sirengeheul und Raketeneinschlägen. Aus dem ganzen Land verbreiten sich Bilder von zusammenstürzenden Häusern, immer mehr Leichen und Panzern, die über Autos hinwegrollen. Russische Truppen greifen die Ukraine von Norden, Osten und Süden an. Viele Beobachter sind geschockt. Keine der Nationen, die am 5. Dezember 1994 auf der KSZE-Versammlung das Budapester Memorandum unterzeichnet und sich für die Sicherheit der Ukraine verbürgt haben, reagiert unmittelbar mit wirksamer militärischer Hilfe. Es werden stattdessen Wirtschaftssanktionen gegen Russland verhängt. In Deutschland, wo der Finanzminister Christian Lindner bereits am Vortag zum ukrainischen Botschafter gesagt hat, Waffen zu liefern sei sinnlos[89] (»Euch bleiben nur wenige Stunden«), trifft sich die Redaktion der größten Wochenzeitung des Landes zu einer Konferenz, um über die kommende Ausgabe der *ZEIT* zu diskutieren. Keiner der verantwortlichen Sicherheits-, Osteuropa- und Politik-Experten unter den Journalisten sagt, dass er oder sie es für für möglich halte, dass Kyjiw nach diesem Wochenende nicht unter Putins Kontrolle stehen wird.

In der ukrainischen Hauptstadt nehmen die Kämpfe und Raketeneinschläge Stunde um Stunde zu. Im nördlichen Stadtbezirk Obolon werden russische Saboteure enttarnt. Einzelne Posten der russischen Armee sind innerhalb des Stadtgebiets vorgedrungen. Selenskyjs Sicherheitsberater empfehlen erneut, in den vorbereiteten sicheren Bunker außerhalb der Stadt zu fliehen. Aber der Präsident verlässt die Präsidialverwaltung nicht. Die Dunkelheit bricht herein. Während in den umliegenden Straßen ukrainische Streitkräfte gegen russische Soldaten kämpfen, Familien, Kinder, Junge, Alte in den tief in der Erde gelegenen U-Bahn-Stationen auf Isomatten, Luftmatratzen und Kissen Schutz suchen, geht Selenskyj zusammen mit vier Kollegen und Freunden vor die Tür ins offene Stadtzentrum Kyjiws – dorthin, wo Scharfschützen, Raketen oder Handgranaten ihn töten können. Er nimmt sein Handy, hält es so, dass im Hintergrund die Stadt zu erkennen ist, und zeichnet ein Instagram-Video auf, das er kurz vor 17 Uhr veröffentlicht. »Guten Abend an alle«, sagt er, »der Fraktionsführer – hier. Der Leiter der Präsidialverwaltung – hier. Premierminister Schmyhal ist hier. Podolyak ist hier.« Alle vier Männer stehen in grüner Armeekleidung hinter ihm und bestätigen mit einer kurzen Geste seine Worte. Selenskyj sagt weiter: »Der Präsident ist hier. Unsere Soldaten sind hier. Die Bürger sind hier. Wir alle sind hier. Wir verteidigen unsere Unabhängigkeit. So soll es sein. Ehre unseren Verteidigern, seien es Männer oder Frauen! Ehre der Ukraine!«

Das Selfie-Video ist gerade einmal 33 Sekunden lang, aber vielleicht symbolisiert nichts mehr als diese 33 Sekunden, was der neue Kriegspräsident Selenskyj in der ausweglos erscheinenden Situation leistet. Binnen Augenblicken verbreiten sich seine Worte in der ganzen Ukraine.

Bauarbeiter, Krankenschwestern, Soldaten, Polizistinnen, Buchhalter, Automechanikerinnen und unzählige weitere Ukrainerinnen und Ukrainer empfangen im Moment der Angst und Unsicherheit auf ihrem Handy die klare Botschaft ihres Präsidenten: Hier stehen wir, zusammen, und werden nicht weichen. In einem unfairen Angriffskrieg beweisen diese 33 Sekunden unbezwingbaren Mut. Ein paar Dutzend furchtlose Worte und sein Handy genügen Selenskyj, um Putins gigantische Einschüchterung zu entschärfen. Indem er Standhaftigkeit demonstriert, obwohl die ukrainische Armee keine entscheidende Hilfe von außen bekommt, motiviert er seine Bürger und verbreitet Hoffnung. Das russische Militär mag dem ukrainischen in Ausrüstung und Größe weit überlegen sein, aber von diesem Moment an wissen ukrainische Soldaten und Freiwillige Mut und Moral auf ihrer Seite. Wenn ihr Präsident sich durch Attentatsversuche von Putins Killerkommandos nicht beirren lässt, dann werden sie es auch nicht tun.

In diesen Stunden entwickelt sich das Gegenteil dessen, was Putin wollte: Die ukrainische Nation vergewissert sich ihrer selbst. Sie zerfällt nicht, sondern ermächtigt sich einmal mehr, für ihre Unabhängigkeit selbst einzustehen. Fast auf den Tag genau acht Jahre nachdem Putins Untergebener Wiktor Janukowytsch Kyjiw aus Furcht vor seinem eigenen Volk verlassen hat, entscheidet sich Selenskyj für das Gegenteil. 104 Jahre nachdem die von Mychajlo Hruschewskyj beratene Regierung der Ukrainischen Volksrepublik im Trümmerfeld des Ersten Weltkrieges vor den Kommunisten aus Kyjiw in den Westen flieht, wiederholt sich Geschichte nicht. Sie wird neu geschrieben. Selenskyj bleibt, er geht erhobenen Haupes gemeinsam mit seinem Team raus auf die Straßen der ukrainischen Hauptstadt und trotzt Putins Gewalt. Millionen Ukrainerinnen und Ukrainer werden seinem Beispiel folgen.

18. Russian warship, go f*** yourself: Ein Krieg, der über die demokratische Welt entscheidet

März 2022: Mit dem Auto fahre ich durch kleinere Städte und Dörfer Richtung Lwiw. Während russische Einheiten seit Tagen aus drei Himmelsrichtungen in der Ukraine vorrücken, errichten die Bewohner, die ich unterwegs treffe, Straßensperren, verteilen Waffen und buddeln Schützengräben im Schneegestöber (siehe Kapitel 5). Die USA und Großbritannien haben ihre Mitarbeiter aus der Ukraine abgezogen. Freunde und Kollegen, mit denen ich in Deutschland gesprochen habe, halten die Verteidigung der Ukraine für aussichtslos. Doch viele Männer und Frauen, die hier leben, wollen bleiben. Ich erreiche Lwiw und gehe zu Fuß durch die Altstadt. Der Himmel ist grau, das Geheul der Sirenen, die vor Raketenbeschuss warnen, gerade verstummt. Zwischen der Kathedrale des Dominikanerordens und dem alten Pulverturm kommen mir junge Menschen entgegen, die große Kleiderbündel tragen. Ich erkenne, dass die Kleiderfetzen zu einer Art Tuch verwoben sind, folge ihnen und sehe, wie die Jugendlichen eines der Bündel ausbreiten. Ein etwa zwanzig mal zwanzig Meter großes Camouflage-Netz entsteht.

Bohdanna Syniakevych hat ihre dunkelblonden Haare mit einem blauen und einem gelben Band zu einem kleinen Zopf zusammengebunden. Sie ist hier in Lwiw geboren, vor 25 Jahren. Vor einigen Tagen sei sie mit ihrem

Ehemann noch auf Zypern im Urlaub gewesen, Flitterwochen, sagt sie. Beide seien jedoch vor kurzem wieder in die Ukraine zurückgekehrt, wegen des Krieges. Wir gehen in den Pulverturm, der zu den Architekturdenkmälern der Stadt zählt. Meterlange Arbeitstische sind darin aufgebaut, auf denen Dutzende Scheren und Stoffe liegen. Als die landesweite Invasion begann, habe sie sich mit Freunden zusammengesetzt und überlegt. Am nächsten Tag hätten sie dann hier im Pulverturm, der eigentlich ein Museum sei, die ersten Stoffe zerschnitten und die Fetzen in großmaschige Netze eingearbeitet. So sei auf drei Etagen eine Fabrik für Tarnnetze, Molotow-Cocktails und Riemen, mit denen Soldaten Panzerfäuste besser am Körper tragen können, entstanden. Betrieben werde die Fabrik vor allem von Rentnern, Studenten, Schülerinnen – alles Freiwillige, sagt Bohdanna Syniakevych, die eigentlich Lehrerin ist. Es gebe mittlerweile vierzig solcher Fabriken in der Gegend, zum Beispiel in Bibliotheken oder Schulen. »Schulklassen produzieren Tarnnetze für die Armee«, sagt sie.

Bevor ich weitergehe, frage ich die junge Frau, was sie mache, wenn weitere Raketen einschlagen. Sie antwortet mit einem sanften Lächeln. Da der Pulverturm so dicke Wände habe, würden sie einfach weiterarbeiten. Niemand gehe dann von hier in einen Bunker und verstecke sich. Auf ihrem Handy zeigt sie mir noch ein Video vom Vortag: Mehr als hundert Jugendliche und Kinder stehen in der Tarnnetz-Fabrik nebeneinander und rufen so laut sie können: »*Close the sky!*« Es sei ihr Beitrag zur Debatte, ob ausländisches Militär der Ukraine helfen sollte, ihren Luftraum zu kontrollieren – damit russische Raketen, die jeden Tag Menschen töten, abgewehrt werden können. Das kurze Video habe sie an all ihre Freunde, Bekannte, Kollegen, Verwandte und Politiker in Westeuropa, Amerika und den Rest der Welt geschickt, sagt Bohdanna Syniakevych. Eine *No-Fly-Zone* sei ihre dringlichste Bitte.

Auf meinem Weg durch Lwiws Straßen treffe ich einen Straßenmusiker mit zotteligen Haaren, der auf Putin, Hitler und Stalin zugleich schimpft, gehe in ein Verteilzentrum für gespendete Medikamente und entdecke auf Autoscheiben, an Häuserwänden und auf Schaufenstern immer wieder einen kurzen Satz. Es ist ein Zitat eines Mannes, der am 24. Februar 2022 mit zwölf anderen ukrainischen Soldaten auf der Schlangeninsel stand, einer ukrainische Insel, die eigentlich nur ein etwa 650 mal 650 Meter großer Felsen mitten im Schwarzen Meer ist. Der russische Waffenkreuzer *Moskwa* steuerte an diesem Tag auf die Schlangeninsel zu und forderte via Funk die militärisch unterlegenen Ukrainer zur Kapitulation auf. Einer der dreizehn drehte das Funkgerät daraufhin lauter und antwortete: »*Russian warship, go fuck yourself!*« Er sagte diesen Satz (dem im Internet veröffentlichten Mitschnitt zufolge) auf Russisch, aber die deutsche und vor allem die englische Version verbreiten sich seitdem ebenso rasch auf der Welt.

Monate später hat sich der Satz des Soldaten in ein Meme verwandelt, ein Kulturphänomen, das vor allem durch das Internet von Menschen milliardenfach vervielfältigt wird. »*Russian warship, go f*** yourself!*« ist auf Demo-Plakaten, Titelseiten, Tassen, T-Shirts, Autobahnbrücken und Postern in vielen Ländern gelandet. Sierra Leone und die Ukraine haben den Spruch auf Briefmarken verewigt. Er sei ein Satz für die Geschichtsbücher, hat ein Politik-

Magazin aus der Schweiz geschrieben. Und neben Wolodymyr Selenskyj, der sich durch den Krieg von einem eher unbekannten jungen Präsidenten eines eher unbekannten jungen europäischen Landes zu einer globalen Ikone des Widerstandes gewandelt hat, ist der Spruch zu einem Synonym der Solidarität weltweit geworden. Einige der dreizehn Soldaten haben die Kapitulationsverweigerung vor der *Moskwa* sogar überlebt. Durch einen Gefangenenaustausch konnte das ukrainische Militär sie aus russischer Haft befreien. Es gelang den Ukrainern auch, das Flaggschiff *Moskwa*, das als Raketenkreuzer, Kommando- und Kontrollzentrum für die russische Marine gedient hat, im Schwarzen Meer zu versenken und die Schlangeninsel zurückzuerobern. Die zahlenmäßig und waffentechnisch zunächst unterlegene ukrainische Armee hat durch die Hilfe Tausender Freiwilliger russische Truppen aus den Regionen Kyjiw, Charkiw, Cherson und weiten Teilen im Norden des Landes vertrieben. Wladimir Putins gewaltige Blitz-Invasion ist fehlgeschlagen, und die ukrainische Nation hat ihren Willen zur Verteidigung bewiesen. Putin könnte wohl noch die letzte übrige russische Bombe auf ihr Land werfen lassen – eine Kolonie Moskaus wird das ukrainische Volk nie mehr werden.

So gesehen, könnte der ukrainische Unabhängigkeitskampf erfolgreich enden. Doch welchen Preis hat Eigenständigkeit? Wie brutal kann Freiheit sein? Und lohnt es, dafür Leben zu geben?

Bis hierher können nicht alle Fragen vom Anfang dieses Buches beantwortet werden. Die Brutalität, unter der das ukrainische Volk schon im Ersten Weltkrieg, im Holodomor, im Holocaust und nun in Putins Vernichtungskrieg gelitten hat, ist unbeschreiblich. Den Preis, den es auf seinem langen Weg in die Souveränität bezahlt hat, kann man nur als unermesslich bezeichnen.

Krieg ist ein Zivilisationsbruch, Menschen verlieren Körperteile, Freunde, Geld, Würde, Freiheit, Leben und sich selbst. Er ist eine Unmenschlichkeit, die sich für den Angreifer nicht lohnen *darf* – so die wohl wichtigste Lehre aus dem Zweiten Weltkrieg, der von Deutschland ausging und von Stalin zur Erweiterung seines Sowjetimperiums genutzt wurde. In Europa hat man lange geglaubt, dass diese Lehre eine Grundlage für eine friedliche Welt sein kann. Doch die USA haben sie im Irakkrieg verraten; Russland in Moldawien, Georgien, seit 2014 in der Ukraine und viele Länder der EU in einer falschen Russland-Politik, die Putins Kriege durch Gas- und Öleinkäufe mitfinanzierte. In Butscha, Borodjanka und Irpin bei Kyjiw, in Mariupol, Bachmut und vielen weiteren Städten haben russischen Soldaten Unschuldige hingerichtet, vergewaltigt und russische Raketen Familien unter den Trümmern ihrer zerbombten Wohnungen begraben. Tausende Verbrechen gegen die Menschlichkeit sind dokumentiert und unbestraft. Zu den 14400 Opfern, die bis Ende 2021 bereits in dieser Katastrophe getötet wurden, sind bis April 2023 weitere 8500 bestätigte Zivilisten sowie mehr als Hunderttausend Soldaten dazu gekommen.

So fasziniert wie der junge Adolf Hitler schon im Jahr 1918 von einer deutschen Besetzung der Ukraine war, so überzeugt ist Wladimir Putin heute, dass die Ukraine in sein russisches Imperium gehört. Spätestens seit der Euromaidan-Revolution ist der selbstbestimmte ukrainische Weg Richtung Demokratie in Putins Wahrnehmung eine

Bedrohung für sein System der Machtvertikale. Er will die Ukraine auf ihrem Weg in die Freiheit entukrainisieren. Und solange er über Waffen und Soldaten, die ihm folgen, bestimmt, kann der ukrainische Unabhängigkeitskampf kaum friedlich enden.

Während ich die letzten Zeilen dieses Buches schreibe, sterben im Sommer des Jahres 2023 jeden Tag weitere Menschen, müssen die Ukrainerinnen und Ukrainer, die bisher mehr als 1200 Raketen und Kamikaze-Dronen auf die zivile Infrastruktur ihres Landes verkraftet haben, jeden Tag erneut ihren Mut für Demokratie und völkerrechtlich anerkannte Grenzen beweisen. Immer mehr Frauen und Männer müssen an die Front geschickt werden.

Lohnt sich das? Ist es gar gut, dafür zu sterben – wie es die Mutter des auf dem Maidan erschossenen Andrij Saienko sagte?

Die Antwort wird auch außerhalb der Ukraine gegeben. In ihrem Freiheitskampf ist die ukrainische Nation auf andere wehrhafte Demokratien, beispielsweise auf europäische Länder, die USA und Kanada angewiesen. Doch weder die Nato noch die EU oder einer der Staaten, die im Budapester Memorandum der Ukraine Sicherheit gegen Atomwaffen versprachen, hatte bisher den Mut, Putins Raketen durch eine Flugverbotszone über der Ukraine zu stoppen. Francis Fukuyamas liberaler Traum vom guten Ende der Geschichte ist bis hierhin in der Ukraine unter mehr als 500 im Krieg gestorbenen unschuldigen Kindern begraben.

Putin hat es geschafft, die Demokratien dieser Erde zu verunsichern, sie von seinem Gas abhängig zu machen. Gekaufte Politiker (wie der deutscher Altbundeskanzler

Gerhard Schröder, der französische Ex-Premier François Fillon oder der ehemalige österreichische Bundeskanzler Wolfgang Schüssel) hat er sich durch strategische Korruption gefügig gemacht. Neben seinen Atomwaffen fürchten viele gewählte Volksvertreter steigende Strom- und Gaspreise in ihren Ländern. Den Umfang von Putins Angriff auf die demokratische Welt haben viele von ihnen immer noch nicht erkannt.

Der Krieg geht im zehnten Jahr in eine neue entscheidende Phase. Wenn die Ukraine, eines der Gründungsmitglieder der Vereinten Nationen, sich darin nicht behaupten kann, hat Putins Imperialismus gewonnen. Ein Diktator hat dann nicht nur über die europäische Nachkriegsordnung neu entschieden. Dann sind in der Ukraine auch das Völkerrecht und die Prinzipien von EU und UN gescheitert. Weder Taiwan noch die Republik Moldau oder andere Staaten, die keine Atomwaffen besitzen, werden dann noch sicher sein.

Und für die dringendste Bitte der Jugendlichen aus Lwiw wird es dann zu spät sein.

Ein persönliches Nachwort:
Deutschlands historische Verantwortung

Im Frühjahr 2023 erreichen mich Einladungen, dieses Buch in den ukrainischen Großstädten Schytomyr bei Kyjiw und Luzk vorzustellen. Ich zögere. Weil der Krieg weiter tötet. Tag für Tag. Aber gleichzeitig gehe das normale Leben abseits der Front ja auch weiter, sagen die Gastgeber. Also sitzen wir bei feinen Backwaren im Café in Schytomyr – unweit der zerbombten Schule. Also fahren wir Kyjiws Straßen entlang, auf denen russische Panzer gestoppt wurden, sehen die vielen Dachdecker, die in Irpin, Butscha und Borodjanka Dachstühle auf reparierten Ruinen errichten. Also besuchen wir die moderne Universität in Luzk, wo sie Minenräumgeräte entwerfen und zum Essen einladen.

Ursprünglich war für dieses Buch kein Extra-Kapitel, kein kommentierendes Nachwort geplant. Dass in der dritten komplett überarbeiteten Auflage im Sommer 2023 an dieser Stelle nun doch dieser Text steht, hat mit einer Frage zu tun, die seit dieser jüngsten Rückreise aus der Ukraine neben der herzlichen Gastfreundschaft nicht mehr aus dem Kopf verschwinden will: Wie viele Ukrainerinnen und Ukrainer wären heute noch am Leben, hätte Deutschland sich mit Beginn des russischen Angriffskrieges 2014 konsequent auf die Seite der Ukraine gestellt und Waffen zur Verteidigung geliefert?

Eine solche Frage mag zynisch klingen. Genaue Antworten darauf lassen sich unmöglich ermitteln. Was geschah, ist unwiderruflich passiert. Geschichte. Doch aus einer richtig verstandenen Vergangenheit können Schlüsse für eine gerechtere Zukunft gezogen werden.

Da sich dieses Buch in deutscher Sprache vor allem an Menschen mit deutschem Hintergrund richtet, also als Epilog sechs Blicke zurück auf die deutsch-ukrainische Vergangenheit:

April 1791: Der preußische deutsche Staat ist es, der bereits im 18. Jahrhundert ein Hilfeersuchen der Ukrainer im Freiheitskampf gegen das russländische Zarenreich ablehnt und die Russifizierung auf dem Gebiet der Ukraine geschehen lässt (Seite 46). Die ukrainische Sprache wird als Resultat in der Ukraine verboten.

Februar 1918: Deutschland ist es (als Teil der Mittelmächte), dass im Ersten Weltkrieg mit der Ukrainischen Volksrepublik den sogenannten »Brotfrieden« aushandelt und danach Kyjiw besetzt, eine eigene Marionetten-Regierung in der Ukraine installiert und den Ukrainern nicht in ihrem Unabhängigkeitskampf gegen Lenins Bolschewisten unterstützt (Seite 64).

1933: Deutschland ist es, dass Stalins Holodomor trotz genauer Kenntnis des Massenmords durch Hunger noch nicht einmal diplomatisch vor der Weltöffentlichkeit kritisiert (Seite 74).

1941: Hitler und die deutschen Nationalsozialisten sind es, die Osteuropa erst mit Stalin unter Diktaturen aufteilen und die Ukraine dann in eine Kolonie des Deutschen Reiches verwandeln wollen, die 1,5 Millionen im *Holocaust durch Kugeln* hinrichten und weitere 2,5 Millionen als Arbeitssklaven ins Deutsche Reich verschleppen. Die ukrainische Kolonie soll das Dritte Reich mit Rohstoffen versorgen. Ukrainische »Untermenschen« (NS-Rassenlehre) sollen vernichtet oder von der »höheren arischen Rasse« geführt werden (Seite 83). Es existieren bereits neue Namen für ukrainische Städte. Sewastopol soll nach der deutschen Krym-Annexion Theoderichshafen, Simferopol Gotenburg heißen.[90] Deutsche oder Personen »artverwandten Blutes« sollen sich dort ansiedeln. Denn laut NS-Rassenlehre gilt: »Der Slawe ist eine geborene Sklaven-Masse, die nach dem Herrn schreit.« Peter-Heinz Seraphim, Professor an der Universität Greifswald und unter den Nazis deutscher Verwaltungsrat in der Ukraine, notiert 1941, wie die Germanisierung in der Ukraine funktionieren soll: durch »Ausmerzung überflüssiger Esser (Juden, Bevölkerung der ukrainischen Großstädte ...)«.[91] Etwa acht Millionen Menschen sterben durch Hitlers Krieg in der Ukraine.

1994: Die Bundesrepublik Deutschland ist es, die gemeinsam mit anderen Staaten die unabhängige Ukraine drängt, den Atomwaffensperrvertrag sowie das Budapester Memorandum zu unterschreiben und ihre Nuklearwaffen an Russland abzugeben (Seite 120). Die im Gegenzug vertraglich zugesicherten Sicherheitsgarantien helfen der Ukraine 2014 jedoch nicht viel gegen den Angriff Russlands.

April 2008: Deutschland ist es, dass 2008 beim Nato-Gipfel in Bukarest (gemeinsam mit Frankreich und Italien) die Zustimmung für einen Nato-Beitritt der Ukraine verweigert. Deutschland sei zur Überzeugung gelangt, sagt die damalige Bundeskanzlerin Angela Merkel, dass es »noch zu früh« sei, die Ukraine in die Nato aufzunehmen. Zur Begründung warnt ihr Außenminister Frank-Walter Steinmeier vor einer Belastung der Beziehungen zu Russland.[92]

Die deutsch-ukrainischen Beziehungen waren vor der Eskalation des aktuellen Krieges geprägt von deutscher unterlassener Hilfeleistung. Zum Nachteil der Ukraine hielt Deutschland häufig lieber an einer engen oft auch wirtschaftlichen Achse zwischen Berlin und Moskau fest (Stichwort: Nordstream). Angesichts des Leids, was dieser deutsche Egoismus in der Ukraine verursachte oder begünstigte, könnte man von einer historischen Schuld Deutschlands gegenüber der Ukraine sprechen.

Ja, die gegenwärtige Bundesrepublik engagiert sich seit der Zeitenwende im Februar 2022 mit finanziellen, zivilen und begrenzten militärischen Mitteln für die Ukraine. Bisher kam die militärische Unterstützung allerdings zu spät, war zu inkonsequent und zu wenig.

Die Ukrainer haben sich gegen unbegreifliche Widerstände für einen demokratischen Weg entschieden, genau wie es ein Teil der Deutschen nach dem Ende des Zweiten Weltkrieges (durch die Hilfe der Alliierten) und der andere Teil nach der Friedlichen Revolution 1989 tat. Wladimir Putin will einen Sieg der Demokratie verhindern. Sein Krieg hat sich von einem Hybriden in einen offenen Krieg der Gesellschaften gewandelt. Demokratie gegen die Machtvertikale einer Diktatur; Freiheit gegen Unterdrückung: Das ist der Stellvertreterkampf, den die Ukrainerinnen und Ukrainer für viele Demokraten und Demokratinnen ausfechten.

Wenn Deutschland als wichtiges Mitglied der EU die richtigen Schlüsse aus seiner eigenen Vergangenheit zieht, wird es der Ukraine so lange und so zielsicher unterstützen, wie nötig. Ein Geheimnis von Freiheit ist Mut, aber nach neun Jahren Krieg in Europa sollte es kein Geheimnis mehr sein, dass dieser Krieg erst dann endet, wenn die Soldaten des Kreml die Sinnlosigkeit ihres Kampfes erkennen.

Ausgewählte Literatur

Anne Applebaum: »Roter Hunger«: Siedler Verlag, 2019.

Andreas Kappeler: »Kleine Geschichte der Ukraine«: C. H. Beck, 1994.

Andreas Kappeler: »Ungleiche Brüder – Russen und Ukrainer«: C. H. Beck, 2017.

Franziska Davies, Katja Makhotina: »Offene Wunden Osteuropas«: wbg Theiss, 2022.

Golineh Atai: »Die Wahrheit ist der Feind«: Rowohlt, 2019.

Karl Schlögel: »Entscheidung in Kiew«: Carl Hanser Verlag, 2015.

Katrin Boeckh und Ekkehard Völkl: »Ukraine: Von der Roten zur Orangenen Revolution«: Verlag Friedrich Pustet, 2007.

Kerstin S. Jobst: »Geschichte der Ukraine«: Reclam Sachbuch, 2015.

Klaus J. Gröper: »Die Geschichte der Kosaken«: Gondrom Verlag GmbH, 2000.

Mychajlo Hruschewskyj: »Die ukrainische Frage in historischer Entwicklung«: Verlag des Bundes zur Befreiung der Ukraina, 1915.

Orest Subtelny: »Ukraine: a history«: University of Toronto Press, 1988.

Paul Kubicek: »The history of Ukraine«: Greenwood Press, 2008.

Paul Robert Magosci: »A history of Ukraine«: University of Toronto, 1996.

Philip Longworth: »Die Kosaken«: Fischer Taschenbuch Verlag, 1977.

Serhii Plokhy: »Die Frontlinie: Warum die Ukraine zum Schauplatz eines neuen Ost-West-Konflikts wurde«: Rowohlt, 2022.

Stephan Rudnyckyj: »Ukraina: Land und Volk«: Verlag des Bundes zur Befreiung der Ukraina, 1916.

Steffen Dobbert: »Euromaidan: Protest und Zivilcourage in der Ukraine«: ZEIT Verlag, 2014.

Timothy Snyder: »›Bloodlands‹: Europa zwischen Hitler und Stalin«: C. H. Beck, 2010.

Anmerkungen

1 Auszug einer deutschen Übersetzung des Gedichts durch Iwan Franko

2 Serhii Plokhy: »Between Poland and Russia: Mykhailo Hrushevsky's Dilemma, 1905–1907«: Canadian Institute of Ukrainian Studies, JUS Vol. 33–34, Seite 391

3 Mychajlo Hruschewskyj: »Die ukrainische Frage in historischer Entwicklung«: Verlag des Bundes zur Befreiung der Ukraina, 1915, Seite 2

4 Klaus J. Gröper: »Die Geschichte der Kosaken«: Gondrom Verlag, 2000, Seite 87

5 Philip Longworth: »Die Kosaken«: Fischer Taschenbuch Verlag, 1977, Seite 79

6 Philip Longworth: »Die Kosaken«: Fischer Taschenbuch Verlag, 1977, Seite 83–84

7 Wolfgang Benz (Hrsg.): »Ereignisse, Dekrete, Kontroversen: Berlin, New York«: De Gruyter Saur, 2011

8 Andreas Kappeler: »Kleine Geschichte der Ukraine«: C. H. Beck, 1994, Seite 62

9 Mikhail Zygar: »Wie sich Russlands Klerus zur Propagandamaschine des Kreml macht«: Artikel auf DER SPIEGEL, 2023

10 Christian Ganzer: »Sowjetisches Erbe und ukrainische Nation. Das Museum der Geschichte des Zaporoger Kosakentums auf der Insel Chortycja«: Ibidem, Stuttgart, 2005, Seite 84

11 Steffen Dobbert: »Russlands Strategiepapier im Wortlaut«: Artikel auf ZEIT ONLINE, 2015

12 Klaus J. Gröper: »Die Geschichte der Kosaken«: Gondrom Verlag, 2000, Seite 301

13 Kerstin S. Jobst: »Geschichte der Ukraine«: Reclam Sachbuch, 2015, Seite 175

14 Andreas Kappeler: »Kleine Geschichte der Ukraine«: C. H.Beck, 1994, Seite 93

15 Wladimir Kuschnir (Hrsg.): »Ukrainische Rundschau Monatsschrift«, 1913

16 Andreas Kappeler: »Ungleiche Brüder – Russen und Ukrainer«: C. H.Beck, 2017, Seite 112

17 Andreas Kappeler: »Kleine Geschichte der Ukraine«: C. H.Beck, 1994, Seite 158

18 Kerstin S. Jobst: »Geschichte der Ukraine«: Reclam Sachbuch, 2015, Seite 192

19 Gisela Erbslöh: »Der Schriftsteller Nikolaj Gogol: Ukrainisches Genie in der russischen Literatur«: Feature auf SWR2, 2020

20 Lubomyr R. Wynar: »Mychailo Hrusevskyj: Bibliographische Quelle 1866–1934«: Ukrainische Freie Universität, 1984, Seite 26

21 Lubomyr R. Wynar: »Mychailo Hrusevskyj: Bibliographische Quelle 1866–1934«: Ukrainische Freie Universität, 1984, Seite 30

22 Zitat aus Hruschewskyjs Tagebüchern in: Lubomyr R. Wynar: »Mychailo Hrusevskyj: Bibliographische Quelle 1866–1934«: Ukrainische Freie Universität, 1984, Seite 33

23 Andreas Kappeler: »Kleine Geschichte der Ukraine«: C. H.Beck, 1994, Seite 166

24 »Prikarpatskaja Rus«, 8.12.1914. Bachturina, Politika, S. 171

25 Andreas Kappeler: »Kleine Geschichte der Ukraine«: C. H.Beck, 1994, Seite 166

26 Lubomyr R. Wynar: »Mychailo Hrusevskyj: Bibliographische Quelle 1866–1934«: Ukrainische Freie Universität, 1984, Seite 35

27 Andreas Kappeler: »Kleine Geschichte der Ukraine«: C. H.Beck 1994, Seite 169

28 Lubomyr R. Wynar: »Mychailo Hrusevskyj: Bibliographische Quelle 1866–1934«, Ukrainische Freie Universität, 1984, Seite 37

29 Lubomyr R. Wynar: »Mychailo Hrusevskyj: Bibliographische Quelle 1866–1934«: Ukrainische Freie Universität, 1984, Seite 57

30 Anne Applebaum: »Roter Hunger«: Siedler Verlag, 2019, Seite 20

31 Andreas Kappeler: »Kleine Geschichte der Ukraine«: C. H. Beck, 1994, Seite 188

32 Anne Applebaum: »Roter Hunger«: Siedler Verlag, 2019, Seite 579

33 Ivan Koshelivets: »Khvylovy, Mykola«: Artikel in Encyclopedia of Ukraine, vol. 2, 1988

34 Volodymyr Yermolenko: »Die hingerichtete Renaissance und Stalins Kampf gegen die ukrainische Intelligenzija«: Artikel auf Ukraineverstehen.de, 2021

35 Paolo Fonzi: »Der Holodomor in den Berichten der Deutschen Botschaft und der Deutschen Konsulate der Sowjetunion«: Artikel für die Deutsch-Ukrainische Historikerkommission der Ludwig-Maximilians-Universität München, 2018

36 Wolodymyr Wiatrowytsch: »Oleksandra Radtschenko – wegen ihrer Erinnerung verfolgt«: Zentrum für die Forschung über die Befreiungsbewegung in einer Veröffentlichung der Konrad-Adenauer-Stiftung, 2022, Seite 11

37 Malte Lehming: »Stalins verdrängter Hungermord in der Ukraine«: Artikel im Tagesspiegel, 2014

38 Grzegorz Rossoliński-Liebe: »Stepan Bandera: The Life and Afterlife of a Ukrainian Nationalist: Fascism, Genocide, and Cult«: Ibidem, Stuttgart, 2014, Seite 128

39 Christian Jansen und Arno Weckbecker: »Der Volksdeutsche Selbstschutz in Polen 1939/40«: Oldenbourg Wissenschaftsverlag, München, 1992, S. 18

40 Dariusz Baliszewski: »Unter falschem Vorwand«: Artikel im polnischen Wprost, 2006

41 Andreas Kappeler: »Kleine Geschichte der Ukraine«: C. H. Beck, 1994, Seite 211

42 Andrea Bekić: »Kroatien war kein ›williger Helfer‹ im Holocaust‹: Artikel in der NZZ, 2018

43 Christian Schmidt-Häuer: »Sein Kampf«: Artikel in DIE ZEIT Nr. 03, 1994

44 Timothy Snyder: »Bloodlands: Europa zwischen Hitler und Stalin«: C. H. Beck, 2010, Seite 286

45 Hauke Friederichs: »Die vielen Leben des Bogdan Staschinski«: Artikel in der ZEIT Nr. 14, 2022

46 Andreas Kappeler: »Kleine Geschichte der Ukraine«: C. H. Beck, 1994, Seite 227

47 Katrin Boeckh und Ekkehard Völkl: »Ukraine: Von der Roten zur Orangenen Revolution«: Verlag Friedrich Pustet, 2007, Seite 153

48 Katrin Boeckh und Ekkehard Völkl: »Ukraine: Von der Roten zur Orangenen Revolution«: Verlag Friedrich Pustet, 2007, Seite 122

49 Olexiy Haran: »Wie hat sich die Ukraine seit der Unabhängigkeit entwickelt?«: Ukraine-Analysen Nr. 255, 2021, Seite 4

50 Andreas Kappeler: »Ungleiche Brüder – Russen und Ukrainer«: C. H. Beck, 2017, Seite 185

51 Curt Gasteyger (Hrsg.): »Europa von der Spaltung zur Einigung. Darstellung und Dokumentation 1945–2000«: Bundeszentrale für politische Bildung, 2001, Seite 266

52 Benjamin Bidder: »Kernschmelze des Vertrauens«: Artikel auf SPIEGEL ONLINE, 2011

53 Michail Gorbatschow: »Tschernobyl war Ursache für Kollaps der Sowjetunion«: Artikel in der Standard, 2006

54 Andreas Kappeler: »Ungleiche Brüder – Russen und Ukrainer«: C. H. Beck, 2017, Seite 183

55 Anatoli Sobtschak in einer TV-Debatte des Senders Rossija 1, 1991

56 Website des ukrainischen Parlaments, 2007

57 Andreas Kappeler: »Kleine Geschichte der Ukraine«: C. H. Beck, 1994, Seite 253

58 Ivo Mijnssen: »Der verdrängte Akt der Befreiung«: Artikel in der NZZ, 2016

59 Michael Thumann: »Prost! Auf den Untergang!«: Artikel auf ZEIT ONLINE, 2016

60 Karl Schlögel: »Die stille Revolution«: Artikel im SPIEGEL Nr. 7, 1993

61 Eigene Übersetzung ins Deutsche

62 »Hintergrund: Budapester Memorandum zur Ukraine«: Artikel auf suedsche.de, 2014

63 Katrin Boeckh und Ekkehard Völkl: »Ukraine: Von der Roten zur Orangenen Revolution«: Verlag Friedrich Pustet, 2007, Seite 221

64 Serhij V. Morozenko: »Die Ukraine unter Kutschma« in »Der Bürger im Staat«: Heft 4, 2005, Seite 174

65 Benjamin Bidder: »Die Gongadse-Verschwörung«: Artikel auf SPIEGEL ONLINE, 2013

66 Marzena Kloka: »Die Orangene Revolution – Ein Überblick« in »Der Bürger im Staat«, Heft 4, 2005, Seite 166

67 Pressemitteilung der OSCE International Election Observation Mission: »STATEMENT OF PRELIMINARY FINDINGS AND CONCLUSIONS«: 2004

68 Steffen Dobbert: »Euromaidan: Protest und Zivilcourage in der Ukraine«: E-Book von ZEIT ONLINE, 2014, Seite 50

69 RIA Novosti: »Janukowitsch: Niemand wird Kiew vom europäischen Weg abbringen«: Artikel auf der Website der Nachrichtenagentur, 2013 und »Janukowitch will EU-Abkommen nicht unterschreiben«: Artikel auf sueddeutsche.de, 2013

70 Pressemitteilung der Deutschen Welle: »Ukraine: Mehrheit befürwortet EU-Beitritt«: 2013

71 Alle Zitate vom Maidan stammen von Rednern auf der Bühne und wurden vom Autor aufgezeichnet, siehe auch der Dokumentarfilm »Maidan« von Sergei Loznitsa, 2014

72 Steffen Dobbert: »Euromaidan: Protest und Zivilcourage in der Ukraine«: E-Book von ZEIT ONLINE, 2014, Seite 120

73 Steffen Dobbert: »Der Tote vom Maidan«: Artikel auf ZEIT ONLINE, 2019

74 Thomas Gutschker: »Putins Schlachtplan«: Artikel in der FAZ, 2014

75 Steffen Dobbert: »Die Lügen des Kreml: Wie die EU in Anbetracht des Georgien- und Ukraine-Krieges auf die neue russische hybride Kriegsführung reagieren kann«: Masterarbeit für die Freie Universität Berlin, Humboldt-Universität zu Berlin und Technische Universität Berlin, 2016

76 Steffen Dobbert: »Das ist Propaganda und Du fällst drauf rein!«: Artikel auf ZEIT ONLINE, 2014

77 Steffen Dobbert: »Das Dorf zwischen den Fronten«: Artikel auf ZEIT ONLINE, 2014

78 Steffen Dobbert: »Russlands Strategiepapier im Wortlaut«: Artikel auf ZEIT ONLINE, 2015

79 Larry King in Larry King Live: »Russian President Vladimir Putin Discusses Domestic and Foreign Affairs«: cnn.com, 2000

80 Götz Hamann: »Macron ist schwul, NOT!«: Artikel auf ZEIT ONLINE, 2017

81 Götz Hamann: »Wer vertraut uns noch?«: Artikel in DIE ZEIT Nr. 26, 2015

82 Steffen Dobbert: »Die Lügen des Kreml: Wie die EU in Anbetracht des Georgien- und Ukraine-Krieges auf die neue russische hybride Kriegsführung reagieren kann«: Masterarbeit für die Freie Universität Berlin, Humboldt-Universität zu Berlin und Technische Universität Berlin, 2016

83 Moritz Gathmann: »Mit Militär gibt es keinen Frieden«: Artikel auf SPIEGEL ONLINE, 2014

84 Sergej Rudenko: »Selenskyj will Wiederwahl, kämpft gegen Medvedchuk«: Artikel auf Deutsche Welle, 2021

85 Wladimir Putin: »Rede an die Nation vom 21. 2. 2022«: Artikel auf zeitschrift-osteuropa.de, 2022

86 Wolodymyr Selenskyj: »Ansprache des ukrainischen Präsidenten an das russische Volk«: Artikel auf zeitschrift-osteuropa.de, 2022

87 Andrea Bachstein: »Die angekündigte Eskalation«: Artikel auf suedeutsche.de, 2022

88 Simon Shuster: »Inside Zelensky's World«: Artikel in TIME, 2022

89 Livia Gerster: »Sie wollen seine Worte nicht hören«: Artikel auf faz.net, 2022

90 Ulrich M. Schmid: »Warum die Krim für Russland wichtig ist«: Artikel in der NZZ, 2014

91 Maritta Adam-Tkalec: »Unternehmen Barbarossa: Das Hitler-Regime wollte 30 Millionen Slawen auslöschen«: Artikel in der Berliner Zeitung, 2021

92 »Merkel stellt sich beim Gipfel gegen Bush«: Artikel in der Welt, 2008

Historische Karte der Ukraine: Entwicklung der Grenzverläufe im 20. Jahrhundert

Quelle: Eigenrecherche und Wikipedia/Spiridon Ion Cepleanu

RUSSLAND

1922: Ukrainische Sowjetrepublik

1917–21: Ukrainische Volksrepublik

1924 an Russische Sowjetrepublik

1954 Russische Krim an Ukrainische Sowjetrepublik

Charkiw

Saporischschja

Dnipro

Krym

Kyiw

Schwarzes Meer

Odesa

UKRAINE

Moldauische SSR

1940 an Moldauische SSR

1948 von Rumänien an Ukrainische Sowjetrepublik

POLEN

1939 von Polen an Ukrainische Sowjetrepublik

1918: Westukrainische Volksrepublik und Transkarpatien

1945 von der Tschechoslowakei an die Ukrainische Sowjetrepublik

Lwiw

SLOWAKEI

UNGARN

1940 von Rumänien an Ukrainische Sowjetrepublik

RUMÄNIEN

250 km

Karte der Ukraine: Frontverläufe des russischen Angriffskrieges

Quelle: Eigene Darstellung mit Informationen vom Institute for the Study of War

Danksagungen

Kann man über die Geschichte eines Landes ein Buch verfassen, wenn diese Geschichte fast zeitgleich neu geschrieben wird? Kann man über eine Nation schreiben, während diese das Ziel einer militärischen Invasion ist? Man kann es versuchen, wenn man Hilfe bekommt und im Team arbeitet. Herzlichen besonderen Dank an Gudrun Bernhardt, Prof. Gelinada Grinchenko, Prof. Dr. Sergiy Stelmakh, Julian Hermann, Niklas Bauer und Dr. Christoph Selzer für länderübergreifendes Lektorat, Korrektorat und Factchecking; an Julia Eichhofer für Unterstützung und Tipps; an Heike Specht für spontane Vermittlung; an Anatolli Schara und Mykola Matusewitsch für Hilfe und Mut; an den freiheitsliebenden Heiko Lietz für den einzigartigen Büroplatz; an Lamis und Enna für Vertrauen, Liebe und Hilfe; an alle Ukrainerinnen und Ukrainer, die ihre Erfahrungen für dieses Buch geteilt haben; an Kolleginnen und Kollegen bei ZEIT und ZEIT ONLINE, die meine vielen Reisen in die Ukraine unterstützt haben und an den Klett-Cotta Verlag, der dieses Buch ermöglicht hat und sich auf vielfältige Weise für die Ukraine engagiert – etwa durch die finanzielle Unterstützung diverser Buchprojekte in der Ukraine und des Meridian-Festivals in Tscherniwzi (Czernowitz).

Über den Autor

© Hamodi Badarne

Steffen Dobbert, geboren 1982 in Wismar, lebte als Stipendiat des Internationalen Journalistenprogramms (IJP) in Odesa und Kyjiw. Insgesamt führten ihn mehr als 50 Rechercherreisen in verschiedene Teile der Ukraine. Er studierte im finnischen Vaasa, in Lübeck und in Berlin (Diplom-Betriebs-wirt BA und Master of European Studies M.E.S). Seit 2007 ist er als Autor für ZEIT ONLINE und DIE ZEIT tätig. 2017 wurde er mit dem Deutschen Reporterpreis ausgezeichnet. 2020 veröffent-lichte der Hinstorff Verlag Steffen Dobberts Buch *Heimatsuche: In 80 Tagen durch Mecklenburg-Vorpommern.* 2014 erschien von ihm der Reportageband *Euromaidan: Protest und Zivilcourage in der Ukraine.* Kontakt zum Autor über www.steffendobbert.de

www.klett-cotta.de

Gerhard Schweizer
Iran verstehen
Geschichte, Gesellschaft
und Religion
720 Seiten, Taschenbuch
ISBN 978-3-608-98101-8

GERHARD SCHWEIZER

Iran verstehen

GESCHICHTE,
GESELLSCHAFT, RELIGION

Klett-Cotta

Eine klischeefreie Neubewertung des Iran

Mit profunder Kenntnis schildert der Kulturwis-
senschaftler Gerhard Schweizer Höhen und Tiefen
iranischer Geschichte, von Persien, über Zarathus-
tra bis zur Islamischen Republik, und schenkt Kultur wie Politik gleichermaßen Aufmerksamkeit.
Gerhard Schweizer verknüpft seinen historischen
Rückblick mit der Analyse von Zeitgeschichte und
Politik und wagt eine vor- und umsichtige Pro-
gnose für den Iran. Unmittelbar und authentisch
gelingen ihm Einblicke in die neuesten Entwick-
lungen des schiitischen Gottesstaates.